10년 차 전업 작가
이상민이 말하는

# 책쓰기의 정석

# 10년 차 전업 작가 이상민이 말하는
# 책쓰기의 정석

| 이상민 지음 |

라의눈

내가 전업작가로 책을 쓰기 시작한 것도 어느덧 10년이 되었다. 10년이면 강산도 변한다고 하는데, 10년쯤 지나니 이제야 책을 쓰는 길이 보인다.

그 동안 책을 쓴다고 하며 수없이 많은 고비를 넘어왔다. 혹자는 나에게 수많은 히말라야 산맥을 넘어왔다고 표현했는데, 나는 그 말에 무척 공감을 했다.

책을 쓰는 일, 전업작가를 하며 나는 마치 도를 닦는 듯이 살았다. 산 속의 수도승처럼 살았다. 무려 9년 간 연애를 하지 않았으며, 책을 4천 권을 보았고, 다큐멘터리를 4천 편을 보았으며, 제주도에서 여행을 1년간이나 했다. 결국 이 모든 공부들은 서로 융합하며 지식의 폭발로 이어졌고, 책으로 치면 약 2만 권 이상을 읽은 공력으로 나타나며 좋은 책을 쓰는 것과 연결되었다.

나는 책을 쓰는 것이 공부라고 생각한다. 무엇을 알아야 쓰지, 모르면 아무 것도 쓸 수 없다는 것이다. 책쓰기는 절대로 화려한 문장을 쓰는 것이 아니다. 책쓰기는 곧 아는 것을 쓰는 것이며, 그렇기 때문에 절대적으로 공부가 필요 하다. 나는 이것을 첫 책을 쓰면서 깨달았다.

내가 그 동안 공부를 산 속의 수도승처럼 한 이유는 이러한 실력과 내공이 없이는 절대로 책을 쓸 수 없기 때문이었다. 생각해보자. 이상민 작가는 현재 30대이다. 그 전에는 20대였다. 도대체 20대와 30대가 무엇으로 책을 쓸 수 있단 말인가. 산전수전 다 겪은 삶의 경험이 있는 것도 아니고, 화려한 이정표를 세운 대기업 사장인 것도 아니며, 그렇다고 노벨상을 수상한 학자도 아니지 않은가! 그런데도 나는 언제나 그들에게 결코 밀리지 않는 책을 써왔다. 왜냐하면 공부를 했기 때문이었다. 나의 공부는 결국 나를 지식의 거인으로 키웠고, 좋은 책을 쓸 수 있는 근본적인 힘을 주었다. 그리고 내 책은 출간대비 무려 70%가 좋은 책이 되었다.

그렇다면 책쓰기는 무엇인가. 책쓰기는 창조이다. 그렇다면 창조란 무엇인가. 창조란 편집이다. 무슨 편집인가. 자료의 편집이다. 자료란 무엇인가. 책을 쓸 재료들을 말한다. 그렇다면 책을 쓰는 근본은 무엇인가. 책을 쓰는 근본은 자료이기 때문에 늘 공부하고 연구해야 하며, 현장에서 치고 박고 싸우는 경험도 필요하다. 이러한 연구의 뜨거움과 눈물, 그리고 현장에서 일을 하며 흘리는 뜨거운 땀에서 올라오는 김이 책쓰기의 근본이다. 이것이 자료이고, 이것의 편집이 곧 창조이며, 이것이 바로 책쓰기의 본질이며, 정석이기 때문이다.

결국 내공이 책쓰기와 직결된다. 나는 10년 간 산 속으로 들어가서 수도하는 수도승의 삶을 살았다. 나는 대구에서 핸드폰을 3년 간 끊었으며, 9년 간 연애를 하지 않았고, 약 10년 동안 친구도 일절 만나지 않았다. 내공을 쌓는 수도가 필요했기 때문이다. 그리고 이러한 내공이 없으면 좋은 책은 절대로 쓸 수 없기 때문이다. 그래서 단절의 시간, 고독의 시간을 보냈다.

전업 작가의 불모지 대한민국에서 내가 무려 10년 간 버틸 수 있었던 힘은 철저한 내공과 노력뿐이었다. 더군다나 학벌천국 대한민국에서 지방대를 나왔고, 집안도 부유하지 않았다. 결국 나는 오직 실력만으로 이 모든 것을 극복해야 했으며, 실제로 완벽한 극복을 해냈다.

나를 만나면 만나는 사람마다 많이 놀란다. 내가 아주 자신감 있게 말을 하기 때문이다. 그러면서도 진정성이 있기 때문이다. 이유는 무엇인가. 실제로 나는 나의 일에서 자신이 있기 때문이다. 적어도 책을 쓰는 일에 있어서만큼은 대한민국 그 누구에게도 밀리지 않는다는 강한 확신이 있기 때문에 그가 어떤 사람이든 자신감이 넘치는 말을 한다.

한국은 거대한 격변기로 접어들었다. 교육과 산업의 거대통로가 큰 변화를 맞았다. 대기업의 붕괴, 대학과 박사학위의 몰락은 그 시작을 알렸다. 우리는 모두가 대기업 사장이 될 수 없다. 모두가 공무원이 될 수도 없다. 결국 모든 사람이 사업을 해야 한다. 그러나 우리는 사업을 배운 적이 없고, 장사를 해본 적이 없다. 그리고 우리는 공부만 했다. 결국 공부를 사업으로 연결시켜 돈을 버는 지식사업에 대한민국의 거의 모든 사람들의 운명이 걸려 있다. 지금 책 쓰기를 통한 퍼스널브랜딩과 자기지식의 자본화는 대한민국 국민 거의 모두의 삶을 결정짓는 거대한 축을 형성했다고 할 수 있는 것이다. 책을 집필함으로써 변화의 시작은 분명히 가능하다.

그러나 내가 늘 하는 말이 있다. 책쓰기는 피와 땀과 눈물로 만들어지는 것이라고. 내가 왜 무려 10년 동안 수도승 생활을 했겠는가. 나는 삶의 고민이 없었겠는가. 나에게도 수없는 밤을 잠을 이루지 못해 대구 수성못을 거닐며 보낸 시간이 많았다. 나의 길은 어디인가, 나는 한국사회에서 제대로 된 역할을 맡을 수 있을 것인가, 나는 과연 올바른 선택을 한 것일까에 대한 고민이 무척 많았다. 내 삶이 거대한 어둠 속에 빠진 것은 아닌가하는 생각도 많았다.

그리고 제주도에서 사색의 시간을 보내며 모든 것을 내려놓고 '내가 좋아하는 일을 하니 평생 동안 실패해도 좋다'는 각오를 하고 책을 쓰자고 결심했다. 그리고 실패를 하면 산 속으로 들어가 돈을 거의 쓰지 않으면서 책을 쓸 마음까지 먹고 있었다. 작년 초까지도 그러한 생각을 많이 했었다. 물론, 지금도 그러한 결연한 마음을 늘 품고 있다. 전업 작가의 삶이란 사실상 그러한 마음가짐이 없으면 불가능한 영역의 삶이기 때문이다. 그러나 이 삶의 모습이 어디 전업작가에게만 해당되겠는가. 모든 직업인의 삶이 그러할 수밖에 없는 것 아니겠는가!

나는 작년 초 만나는 사람마다 실패할 때 한강다리에서 뛰어내리겠다는 말을 했었다. 그만큼 절박하고 절실하게 최선을 다하며 책을 썼다. 그리고 강의를 했다. 정말 절박한 마음을 담아 하루하루 최선을 다했다. 하루를 잘못 보내면 안 된다는 마음을 강하게 먹고 실천했다. 새벽기도를 하며 울기도 많이 울었다. 불안과 희망은 언제나 종이 한 장 차이이기 때문이다.

지금 나는 무척 단단하다. 그가 누구든 큰 소리로 압도한다. 나 자신에게 자신이 있고 태풍이 몰아쳐도 쓰러지지 않을 바위처럼 단단한 내공을 쌓아왔고,

지금도 그러한 칼날 같은 마음을 품고 살아가고 있기 때문이다. 내가 책쓰기에 있어 대한민국 1인자라고 감히 자신하는 이유이다.

　책을 쓰면 분명 삶은 변화가 시작된다. 나 역시 20대에는 책을 읽는 백수였다. 그러나 지금은 수많은 수식어들이 나를 따라다니며, 수많은 대기업 임원과 고위인사들이 나를 찾는다. 또, 수많은 시민들과도 만남을 이어가고 있다. 나는 매일 하루에 3명 이상씩은 만나고 있고, 많이 만나는 날은 7명씩 만나기도 한다. 1명에 보통 1시간에서 2시간 동안 대화를 하는 것을 생각한다면, 얼마나 많은 일을 하고 있는지 이해가 될 것이다. 그렇게 사람이 나를 찾는 이유는 그만큼 내공이 있기 때문이다. 책쓰기, 독서, 유대인에 있어 압도적인 내공이 있기 때문이다.

　그러나 책을 써서 당장 삶이 달라진다고 생각하면 안 된다. 내가 10년이 걸렸듯, 누구나 긴 시간이 필요한 법이다. 그리고 확고한 성공으로 가기까지는 수많은 고비들이 있다. 그것을 넘겨야만 성공에 이를 수 있다. 그러니까 책으로 성공하는 것은 직장생활에서 성공하는 것, 사업으로 성공하는 것과 똑같이 힘들다. 그런 점을 분명히 알고 책을 써야 한다.

천하의 캠브리지대 장하준 교수, 시골의사 박경철도 베스트셀러 저자로 올라오는 데 10년이 걸렸고, 나 역시 지금 10년 차가 되어서 단단한 내공과 놀라운 이력을 가지게 되었다.

그러나 책을 쓰면 평범한 사람의 삶의 변화의 폭은 매우 커진다. 특히 삶의 내공이 있는 사람이라면 말할 것도 없다. 그러나 아무것도 없는 사람이라 할지라도 뜨거운 의지만 있다면 가능하다. 내가 그랬듯이 공부로써 충분히 변화가 될 수 있기 때문이다.

대체로 책을 쓰고자 하는 사람들은 결핍과 변화에 대한 강력한 의지가 있는 사람들이라는 걸 잘 안다. 그리고 나는 이것이야말로 성공의 가장 큰 원동력이라고 생각한다.

가장 중요한 것은 실천이다. 이 책은 책쓰기의 정석과 정론을 담고 있다. 이 책을 읽으면 책쓰기에 대한 엄청난 변화가 있을 것이다. 책을 읽고 실천해야 한다. 그러면 여러분도 나처럼 좋은 내용의 책을, 베스트셀러를 쓸 수 있을 것이다. 대한민국 어디에 가도 단단한 책을 집필한 것으로 크게 인정을 받는 위대한 역사를 체험하게 될 것이다. 내가 그랬듯이 말이다.

이 책은 나의 10년 차 전업 작가 노하우를 모두 공개했다. 모쪼록 이 책을 통해 여러분의 인생에 큰 변화와 도약이 있었으면 좋겠다. 최선을 다해 살아가는 여러분의 인생에 존경과 경의를 표한다. 책을 쓰고자 하는 용기에는 박수를, 책을 쓰는 실천에는 존경과 경의를 표하고 싶다.

잠실 석촌호수에서

이상민

# ·차례·

# 나는 어떻게 책을
# 쓰게 되었는가

사람들은 내게 묻는다. 젊은 나이에 어떻게 그렇게 많은 책을 쓸 수 있었느냐고, 어떻게 젊은 나이에 책을 그렇게 많이 읽을 생각을 했었느냐고. 솔직히 지금은 이렇게 대답을 할 수밖에 없다. "모든 것이 운명이었습니다." 솔직히 이것 외에는 대답할 말이 없다.

나는 올해 서른네 살이다. 빠른 84년생이니까 원래는 서른다섯이다. 나이가 적지는 않지만, 그래도 많은 나이도 아니다. 특히 책을 20권 가까이 낸 작가치고는 젊은 편에 속한다. 더군다나 나는 10년 차 전업 작가가 아닌가! 그런 것을 감안하면 나는 젊은 편에 속한다.

나는 어떻게 이 길을 걸어오게 되었을까. 생각을 해보면, 모든 것이 운명이었다는 생각이 든다. 그 당시로는 나도 생각을 많이 하여 한 결정이었지만 지금 생각해보면, 그렇다.

나는 원래 작가를 꿈꾸지도 않았고, 글을 쓰며 사는 삶을 단 한 번도 상상해보지 않았다. 적어도 고등학교 때까지는 그랬다. 단 한 번도 생각해보지 않았다. 작가, 저술가, 강연을 하는 사람으로 살 것이라고는 생각하지 못했다. 다만, 공부하는 것은 좋아했다. 또한, 다르게 생각하는 것이나 발명에 대해서도 특히 관심이 높아 발명가가 되겠다는 생각은 있었다. 그러나 나도 여느 학생들처럼 의대나 법대에 가고자 했으며, 고등학교 전교 1등을 1학년 때부터 3학년 때까지 놓치지 않고 하면서 법대에 진학을 했다. 물론, 우여곡절이 있어서 명문대에 가지는 못했지만 말이다. 어쨌든 그런 길을 걸으면서 작가에 대한 생각은 하지 않았다.

그러나 나는 생각이 늘 많았다. 생각하고 사색하는 걸 원래부터 좋아했다. 혼자 있는 것은 중학교, 고등학교 때부터 좋아했다. 친구들이 운동을 하고 있을 때도 혼자서 있는 걸 좋아했다. 그렇다고 운동을 못하는 건 아니었지만, 조용히 생각하는 것이 좋았다. 동아대학교에 입학해서는 서구 동대신동에 있는 구덕공원을 걸으면서 많은 생각을 했다. 그런 시간이 좋았다.

잔잔한 분위기가 있는 구덕공원을 걸으면서 생각을 하는 것이 좋았다. 편백나무가 있는 그곳에서 나는 조용한 사색을 즐겨 했다. 동아대에는 솔다방이라는 곳도 있었는데 그곳은 소나무가 있는 벤치들이 많았다. 즉, 소나무 다방이라는 뜻이었는데, 그곳에 앉아서도 이런저런 생각을 하는 것이 좋았다. 대학 1학년 때는 고시반에 들어가 고시 공부도 하고, 학과 공부도 열심히 해서 1년 전액장학금도 받는 등 학업에 열중했다. 그러나 대학에 대한 의문, 즉 대학에서 내가 무엇을 하고 있는 것인가, 학문의 본질이란 무엇인가, 나는 어떻게 살아가야 하는가, 변호사가 되면 내가 원하는 삶을 살 수 있을 것인가, 우리 사회에서 나는 어떤 역할을 해야 하는가, 나의 길은 무엇인가, 인간이란 무엇인가, 우리의 인생이란 무엇인가, 인간은 왜 이기적인가 등에 대한 질문들이 떠오르면서 그에 대한 대답을 하느라 8개월 동안 고민 속에서 보냈다.

그러니까 공부가 될 리가 없었다. 이 고민은 철학적인 고민이었고, 내가 풀어내야만 할 고민이었다. 결국 나는 거의 아무것도 못하고 생각만 했으며, 이러한 생각들은 자연스럽게 책의 세계로 나를 인도했다. 왜냐하면 내가 실제로 국어, 영어, 수학을 공부해왔지만 그것으로는 내 인생의 해답을 얻을 수 없고, 결국 답을 얻으려면 스승을 만나거나 공부를 해야만 한다는 것을 깨달았기 때문이다. 인생에 대한 본질적인 고민, 그에 대한 대답은 결국은 책밖에는 없었다. 그래서 책을 집어 들게 되었으며, 그러면서 대학 시절 나의 독서는 시작되었다.

강준만 교수의 학벌에 대한 책을 보고는 답답한 마음에 책을 보고 독서 후기(책을 보고 나서 생각이 많이 드는 책이 좋은 책이다. 책을 보고 나서 본인의 생각을 글로 쓰게 되면 생각하는 능력이 크게 향상되게 된다. 우리는 결국 책을 통해서 내 생각을 창조해야 한다)를 적어서 학과 교수님께 편지를 드린 일도 있었다. 그 교수님께서는 내게 답장을 주시며 이런저런 이야기를 들려주며 나를 격려하기도 했다. 또, 많은 고민이 있을 때는 공단기 전한길 선생님에게 이런저런 편지를 썼으며, 그럴 때마다 좋은 답장을 받을 수 있었다. 학창 시절, 생각이 많았고 고민이 많았다. 전한길 선생님에게 쓴 편지만 해도 500통 정도가 된다.

결국 나는 책을 볼 수밖에 없었다. 앨빈 토플러, 나카타니 아키히로, 강준만, 피터 드러커, 구본형 등의 작가를 비롯해, 고민이 있을 때마다 온갖 주제에 대해서 탐독했다. 그냥 고민이 있으면 즉시 서점으로 가서 책을 구입했다. 내 고민 해결사는 책이었다. 인간관계에 대한 고민이 있을 때는 책을 보며 답을 찾았으며, 연애에 대한 고민이 있을 때는 연애서를 보았다. 정치에 대한 고민이 있을 때 정치서를 읽었다. 경제에 대한 고민이 있을 때는 경제서를 읽었다. 생각과 고민이 있으면 즉시 책을 찾아보았으며, 이때 읽지 못하는 책들은 다음에 사야 할 책이라고 해서 사야 할 책의 리스트를 만들어두기도 했다. 여자 친구와 데이트를 할 때에도 먼저 부산 번화가인 서면에 있는 서점에 들러 책을 샀다. 그 후 영화관에 가서 여자 친구와 영화를 보았다.

그때 만약, 다른 일은 하지 않고 고시 공부만 했더라면 아마도 지금쯤 법조계의 일을 하고 있을 것으로 생각된다. 그러나 난 생각이 많았다. 그리고 미래에 대한 욕심도 많았다. 난 책을 읽으면서 답을 찾고자 했다. 길을 알고자 했다. 그리고 정했던 것이 "대학교수"였다. 그래서 유학을 가려고 했었다. 미국보다는 영국으로 가고 싶었다. 옥스퍼드나 케임브리지에서 박사학위를 받고 교수가 되고 싶었다. 난 당시 정치에 관심이 많았으며, 그래서 정치학을 선택하고자 했다. 그러나 경제적 여건이 허락되지 않아 유학을 갈 수 없었다. 결국 많은 고민을 하게 되었다. '앞으로 어떻게 살아야 하는가.' 이 생각을 많이 했다. 대기업 취업은 대학 저학년 때부터 생각하지 않았고, 법조계도 솔직히 내키는 일이 아니었다. 나는 대학 1학년 때부터 독자적인 연구를 하는 대학교수나, 해외를 다니며 자유로운 삶을 살 수 있는 외교관, 정신의 자유를 추구하며 혼자서 깊은 연구를 할 수 있는 정신과 의사를 하고 싶었다. 법조계에 진출을 하더라도 혼자 일을 하는 판사나 자유롭게 일할 수 있는 변호사를 하고 싶었다. 구속받거나, 자발성에 침해를 당하는 일은 나는 원치 않았다. 나는 자유롭게 살고 싶었고, 무엇보다도 공부를 하고 싶었다. 그리고 그를 통해서 결과를 내고 싶은 꿈이 강했다.

결국 나는 많은 고민 끝에 내가 가장 많은 시간을 바쳐왔던 책 읽기 쪽으로 나가기로 했다. 그러면서 책을 쓰는 쪽으로 방향을 정했다. 이 것은 운명적이었다. 나는 책을 쓰려고 했던 것이 아니었으나, 내가 20대에 가장 많은 시간을 할애했던 일이 곧 내 인생을 결정지어버렸던 것이다. 그러니 운명이 아니고 무엇이겠는가.

대학을 졸업할 무렵 전업 작가에 대한 포부를 주위에 선포했고, 지지해주는 분들도 있었고, 반대하는 분들도 많았다. 솔직히 찬성 1명에 반대 10명이었다. 찬성은 현재 공단기에서 한국사 강의를 하는 전한길 선생님이었다. 반대는 대학교수님을 비롯해 목사님 등이었다. 반대를 하는 사람들의 입장에서 하는 말은 그것이었다. '네가 아무리 아는 것이 많다고 해도 한국 사회는 간판사회다. 네가 남들에게 내세울 수 있는 것이 아무것도 없는데 어떻게 책을 출간한다는 것이냐. 못한다'는 내용이었다. 적어도 박사학위는 받고 나서 책을 써야 하지 않느냐, 적어도 대기업 임원이 되고 나서, 적어도 판사쯤 되어야 책을 쓰는 게 당연한 것이 아니냐는 의견이 많았다.

나도 그 말을 듣고 생각이 많아졌다. 솔직히 쉽지 않다는 생각에 흔들렸다. 그래서 당장 책을 쓰는 것을 중단하고 말았다. 스물둘, 스물세 살 무렵 책을 쓰겠다는 생각을 했지만, 주위에서 하는 말에 흔들리고 말았던 것이다. 그러면서 잠시 다른 일을 통해서 외도를 했다. 그 후, 스물다섯 살에 책을 쓰게 되었다. 그러면서 전업 작가의 세계에 처음으로 발을 딛게 되었다.

본격적인 전업 작가의 길에 발을 들이고 나서는 정말 머리가 부서지도록 고민하고 또 고민했다. 진짜 이 길을 가야 하는가를 두고 정말 많은 고민을 했다. 왜냐하면 전업 작가의 길은 녹록지 않은 것이었기 때문이다. 그러나 그 길이 바늘구멍이라도 나는 기꺼이 통과할 수 있을 것이라고 생각했다. 왜냐하면 나는 끈기와 집념이 타의 추종을 불허하기 때문이다. 힘들면 한번 실컷 울고 다시 걸어가는 것이 나의 본질이기 때문이다. 그래서 반드시 끝을 보는 것이 내 성격이기 때문이다. 그래서 나는 글을 쓰기로, 책을 쓰기로 결심했다. 솔직히 주위에서 나를 아무도 인정하지 않았다. 거의 대부분의 사람들이 나를 믿지 않았다. 내가 책을 쓸 수 있을 것이라고 믿지 않았던 듯하다. 어쩌면 그것은 상식일 것이다. 지방대를 나왔고, 아직 20대의 나이이고, 사회에서 아무런 입증된 능력이 없는 사람이 좋은 내용의 책을 계속해서 써야 하는 전업 작가를 한다는 것은 보통의 상식으로는 판단하기 어려운 일이기 때문이다.

　내가 맨 처음 책을 쓰고자 할 때는 대학을 졸업하고 부모님 등골이 나 빼는 녀석으로 주위 사람들이 인식했다. 대학을 졸업하고 집에서 놀기 시작했는데 그냥 놀면 무안하니까 책을 쓴다는 좋은 핑곗거리를 대고 놀고 있다고 사람들은 믿었다. 그래서 한심한 녀석을 보는 듯한 눈빛으로 나를 보았다. 내가 3천 권의 책과 3천 편의 다큐멘터리를 보던 3년의 시간 동안 사람들은 그러했다. 그러나 책을 내고 나서 사람들의 눈빛은 한심함에서 존경으로 바뀌었다. 그리고 언제부터인가 주위 사람들이 나를 '선생님'으로 부르기 시작했다.

　어쨌든, 운명적이었다. 그리고 솔직히 마음고생, 몸 고생도 많이 했다. 대구 수성구의 나의 본가는 좋은 집이다. 그러나 내 방은 북향이었고, 겨울에 난방을 해도 추웠다. 그래서 그 방에서 공부를 하고 연구를 하는 일은 힘든 일이었다. 그러나 나는 귀가 얼면서도 그 방에서 나오지 않았다. 공부를 해야만 했기 때문이다. 나의 모친께서도 내가 그런 독종의 자세로 열심히 하고 있으니 책을 쓴다는 어쩌면 허무맹랑하기 그지없는 소리를 해도 믿어주셨는지 모른다. 나는 진짜 열심히 책을 보았고 글을 썼으며 생각을 거듭했다. 남들이 볼 때 돈을 벌고 있지 않았기 때문에 남루해 보이는 생활을 하고 있었지만 나는 분명 한국을 놀라게 할 수 있는 지식의 거인이 되어가고 있었다. 그리고 공부에 방해가 된다는 이유로 핸드폰을 3년간 끊어버렸다. 나는 아무것도 아니었기 때문에 반드시 책을 제대로 보아야 한다는 생각에 핸드폰을 끊고, 친구들을 만나지 않았다. 그리고 연애도 하지 않았다. 물론, 그 후에도 오랫동안 친구를 만나지 않았으며, 연애는 무려 9년 동안이나 하지 않았다. 그리고 책을 쓰면서도 힘이 많이 들었기 때문에 머리카락이 많이 빠지기도 했다. 스트레스를 확 받으면 머리카락이 많이 빠지는 경험을 하게 된다. 나도 그런 경험이 있었다. 책을 볼 때 유일한 낙은 옆집의 진돗개를 보는 것이었으며, 모든 스트레스는 수성못을 걷거나 헬스클럽에서 운동을 하는 것으로 풀었다. 그리고 시간을 아끼고 싶었다. 시간을 소중히 쓰고 싶었다. 언제나 집 앞에 있는 범어산을 보면서 '언젠가 흙으로 돌아갈 것이기에 지금 이 시간을 뜨겁게 쓰자.'고 다짐하며 책을 보았고, 책을 썼다. 헬스클럽으로 가는 길에 범어산을 보면서 계속 위의 말을 되뇌며 살았다. 나는 위의 생각들을 나의 책 『365 매일 읽는 한 줄 고전』에 넣기도 하였다.

만남과 헤어짐


공설간과고, 정주감조가 共說干戈苦, 汀洲減釣家
함께 전쟁의 괴로움을 이야기하던 정주의 어부들도
하나 둘 점점 줄어드네.

ー 삼체시

나이가 들면 주위의 사람들이 하나둘씩 사라진다. 평생을 함께할 것으로 보이고, 절대로 떠나지 않을 것 같던 사람들이 하나둘씩 떠나간다. 사실 사람이 언제 죽는다는 걸 예측할 수는 없다. 그렇기 때문에 평소에는 죽음을 전혀 생각하지 않는다. 갑작스럽게 가족이나 가까운 지인을 잃게 될 수도 있고 어쩌면 내가 먼저 떠날 수도 있다. 내가 떠난다고 생각하면 얼마나 기분이 묘한가. 내일이면 저 산의 흙이 될 것이니 쓸데없는 생각을 하거나 꾸물거리지 말고 오늘을 부단히 노력하며 살아라! 그래야 많은 사람에게 선물을 주고 갈 수 있다.

—『365 매일 읽는 한 줄 고전』 중에서

지금 생각해보면 어떻게 그 길을 통과해왔는지 싶다. 연애를 좋아하는 내가 어떻게 9년간 연애를 하지 않았는지 생각해보면 놀랄 때가 많다. 또, 친구들을 끊은 것도 그러하다. 나는 마치 산속에서 9년을 보낸 듯하다. 대구 수성구라는 지방 최고의 중심지에 있었지만, 나는 철저한 "단절의 시간"을 보냈고, 그 단절의 시간들 속에서 나는 마치 조개가 고통 속에서 진주를 잉태하듯 그런 "단절의 시간", "고통의 시간", "즐긴 시간"을 통해서 책을 잉태할 수 있었다. 나는 사실상 '현대판 수도승'의 삶을 10년 동안 살았다. 산에서 도 닦는 스님처럼 살아왔다는 표현은 내 삶을 거의 정확히 표현하는 것이다.

그 결과들이 인터파크 도서 E북 종합 베스트셀러 5위를 비롯해, 리디북스 에세이 베스트셀러 1위, 문화체육관광부 추천 세종도서 교양

부문 선정, SK그룹 추천도서, Daum 추천도서, 국립중앙도서관 사회과학 분야 대출순위 TOP 10, 국립세종도서관 추천도서 선정(전자책 부문), 육군 제 1군단장 감사장 수상, 교보문고 내일이 기대되는 좋은 책 선정, 홍성국 미래에셋대우증권 사장 추천, 한국출판산업진흥원 우수 콘텐츠 선정, 네이버 함께 만드는 책장 〈30대 추천 도서편〉, 〈외로움 편〉 추천 도서 등으로 표현되었다. 지금 한국 최고의 작가는 아니지만, 내용으로 승부하는, 만만하지 않은 내공을 자랑하는, 한국을 대표하는 30대 전업 작가의 대열에 합류하게 되었다. 실제로 30대 전업 저술가 중에 나만큼 책을 많이 쓴 작가도, 나만큼 좋은 내용으로 공신력 있는 단체에서 많이 선정된 작가도, 나만큼 오랜 시간 동안 전업 작가 생활을 해온 사람도 사실상 2~3명도 없는 것으로 안다.

결국은 운명이었다는 말로 설명하고 싶다. 그동안의 고생들도 내가 선택한 것이고, 이 길도 내가 선택한 것이며, 10년이 넘는 시간 동안 책을 보고 글을 쓴 것도 내가 선택한 것이었다. 그리고 그 선택은 내가 한 것이지만, 결국은 나 자신 너머에 있는 운명이었다.

나는 그 운명의 물결을 타고 살아왔으며, 지금도 그 운명의 물결 위에서 뜨거운 삶을 살고 있다. 그리고 지금 이 순간도 이 삶을 힘은 들지만 행복한 마음을 유지하며 즐기며 살고 있다.

# 전업 작가 이상민은
# 어떻게 책을 썼을까?

2008년 6월, 책을 본격적으로 쓰기 시작했다. 책을 쓰기 시작하면서 가장 큰 난관은 자료 조사였다. 대체로 책을 쓰는 사람들이 명심해야 할 것은 바로 "자료 조사"이다. 왜 자료 조사인가? 이것은 모든 책에 해당되는 부분이다. 심지어 소설도 마찬가지이다. 소설가 조정래 선생도 얼마나 자료 조사를 많이 하는가. 몇 년간 한다. 일본 최고의 소설가 중에 한 명인 『하얀거탑』, 『불모지대』의 저자 야마자키 도요코도 취재를 엄청나게 한다. 몇 백 명씩 취재를 하고 책을 쓰기도 하고, 의학 관련 소설을 쓸 때에는 의학 공부를 따로 한다. 그래야만 제대로 된 소설을 쓸 수 있기 때문이다. 그래서 소설이 몇 년 만에 나오는 것이고, 장편소설이 나오는 것이다.

우리가 쓰는 책이 그 어떤 책이라도 자료 조사는 필요하다. 에세이든, 인문서든, 여행서든, 실용서든 그러하다. 자료 조사는 책의 심장이라고 할 수 있다. 심장 없이 인간이 살아갈 수 있는가? 없다. 심장이 튼튼하면 팔이나 다리가 없더라도 살아갈 수 있다. 그렇지 않은가? 그러나 심장이 없으면 죽고 만다. 자료 조사는 인간으로 치면 심장과 같다. 왜인가?

책은 결국 콘텐츠의 완결판이기 때문이다. 여러분의 생각만으로 책을 쓸 수도 있다. 그런 책도 많으며 나의 책도 그런 책이 많다. 『나이 서른에 책 3,000권을 읽어봤더니』, 『독서자본』은 오직 내 생각만으로 쓴 책이다. 그래서 3일 혹은 4일 만에 책을 모두 썼다. 그리고 내 생각에 내공이 있었기 때문에 공신력 있는 단체에서 좋은 내용의 책으로 선정되었다. 여러분의 생각을 적을 수도 있다. 그런 책도 많다. 그러나 여러분은 그런 책을 쓰면 안 된다. 왜냐하면 여러분의 생각에 공신력이 없기 때문이기도 하고, 여러분의 생각에 내공이 없을 수 있기 때문이다. 한 출판사 대표는 내게 그런 말을 했다. "이상민 작가님은 이미 수천 권의 책을 보고 그것을 모두 체화시켜서 한권의 책을 쓸 때 수천 권이 모두 녹아들어가면서 책이 집필되기 때문에 일반인들과는 확연히 다를 수밖에 없지만, 보통 사람들은 그것이 힘든 일입니다." 맞는 말이다. 물론 여러분이 한국 최고의 학자이거나, 한국 최고의 사업가이거나, 한국 최고의 연예인이라면 좀 다를 수 있다. 왜냐하면 그렇게 되면 여러분이 일가를 이룸으로써 여러분의 생각에 공신력이 생겼고, 또 엄청난 내공이 담겨 있기 때문이다. 그러나 그렇지 않은 사람들은, 아니 보통 사람들은 자료를 통해서 철저하게 공신력을 쌓으면서 좋은 내용을 중심으로 책을 써야만 좋은 책을 쓸 수 있고, 대중들을 설득할 수 있다. 내가 아무런 스펙도 없이 좋은 내용으로 평가받는 이유는 오직 하나, 자료 조사를 철저하게 하기 때문이다. 즉, 다시 말해서 많은 책과 다큐멘터리를 본 힘 때문이다.

내가 맨 처음 책을 쓰면서 가장 공을 들였던 것은 자료 조사였다. 다시 말해서 공부였다. 책을 쓰기 위해서 자료를 모으고, 분해하고, 뜯어 붙이고, 그것을 가공하는 일이었다. 나는 맨 처음 책을 쓰면서 400권이 넘는 책을 보았고, 신문 기사 8,000장을 보았으며, 관련된 강의를 약 100만 원을 주고 결제하여 모두 들었다. 그렇게 자료를 모으고 난 후, 책을 썼다. 내가 이렇게까지 자료를 많이 모은 이유는 공부를 하지 않으면 책을 쓸 수 없다는 생각에서였다. 사실, 나는 당시 아는 것이 없었다. 또, 책을 쓰는 법을 알려주는 스승이 없었다. 오로지 독학으로 독파하는 수밖에 없었다. 그래서 공부에 올인했다. 즉, 자료로 승부를 하고자 결심했다. 다음은 내가 책을 쓰면서 참고한 책들만 언급한 것이다. 이렇게 보았고, 신문 기사와 동영상 자료는 별도이다. 책 자료만 이만큼 보았다. 참고하길 바란다.

1. 손주은 성공학 참고문헌(이 책은 다산북스에서 계약을 했는데 외부사정이 발생하여 출간을 하지는 못했다.)

| 위치 | 책 제목 | 저자 |
| --- | --- | --- |
| 목차 1, P5 | 평범했던 그 친구는 어떻게 성공했을까 | 토마스 A. 슈웨이크 |
| 목차 2, P9 | 손주은의 일상적 이야기<br>『CEO의 하루 경영』이라는 책에서 가져옴 | 김윤경 |
| 목차 3, P12 | 부자열전 | 이수광 |
| 목차 4, P15 | 영원한 청춘 | 마쓰시타 고노스케 |
| 목차 4, P18 | 군주론(로마사 평전) | 마키아벨리 |
| 목차 4, P19 | 멈춤의 미학 | 공병호 씨 책에서 봄 |
| 목차 6, P30 | 일본의 10년 불황을 이겨낸 힘 TOYOTA | 김태진 |
| 목차 6, P32 | 부자어록 | 이상건 |
| 목차 7, P33 | 팡세 | 파스칼 |
| 목차 7, P34 | 옛이야기의 매력 | 브루노 베텔하임 |
| 목차 9, P41 | 나는 50에 꿈을 토핑한다 | 성신제 |
| 목차 9, P42 | 노르웨이 라면왕 미스터 리 이야기 | 이철호 |
| 목차 9, P44 | 억만장자 마인드 | 도널드 트럼프 |
| 목차 9, P45 | 빵굽는 CEO | 김영모 |
| 목차 9, P45 | 지구를 흔든 남자 | 강신기 |
| 목차 10, P51 | 인간존중경영 | 공건 |
| 목차 11, P53 | 전쟁의 역사 | 버나드 로 몽고메리 |
| 목차 11,<br>P57/ P59 | 전쟁의 기술 | 로버트 그린 |
| 목차 12, P62 | 상혼 | 고쓰카 다케시 |
| 목차 13, P72 | 현장이 답이다 | 다카하라 게이치로 |
| 목차 13, P73 | 회사, 앞으로 어떻게 될 것인가 | 이와이 가쓰히토 |
| 목차 13, P77 | 경영학의 진리체계 | 윤석철 |
| 목차 13, P79 | 경영 · 경제 · 인생 강좌 45편 | 윤석철 |
| 목차 13, P80 | 도덕감정론 | 애덤 스미스 |

| 위치 | 책 제목 | 저자 |
| --- | --- | --- |
| 목차 13, P81 | 개인독립만세 | 김지룡 |
| 목차 13, P81 | 한국, 번영의 길 | 공병호 |
| 목차 14, P86 | 앤디 그로브의 말 | 기억 불명 |
| 목차 14, P89 | 과학혁명의 구조 | 토마스 쿤 |
| 목차 17, P109 | 지금 시작하자 늦었다고 생각한 순간이 가장 빠른 때다 | 나까지마 가오루 |
| 목차 19, P119 | 일 잘하는 사람 일 못하는 사람 | 호리바 마사오 |
| 목차 19, P122 | 공병호의 초콜릿 | 공병호 |
| 목차 19, P123 | 성경〈이후에 걸쳐 누가복음, 디모데후서, 로마서, 마태복음〉<br>[성경은 곳곳에 흩어져서 인용되어 있음] | |
| 목차 19, P124 | 고승덕의 말<br>고려대 강연, 단국대 강연에서 들은 말임 | 고승덕 |
| 목차 20, P125 | 부자철학 | 이토야마 에이타로 |
| 목차 20, P126 | 인간존중경영 | 공건 |
| 목차 21, P132 | 만초 | 노무라 도쿠시치 |
| 목차 22, P137 | 백만장자 마인드 | 토머스 J. 스탠리 |
| 목차 22, P138 | 창업자금 칠만이천원 | 성신제 |
| 목차 22, P140 | 인간이란 무엇인가 | 빅터 프랭클 |
| 목차 25, P158 | 앨빈 토플러 부의 미래 | 앨빈 토플러 |
| 목차 25, P159 | GM과 함께한 나날들 | 알프레드 슬로언 |
| 목차 25, P159 | 빌게이츠 @ 생각의 속도 | 빌 게이츠 |
| 목차 25, P160 | 편집광만이 살아남는다 | 앤드류 그로브 |
| 목차 25, P163 | 누가 내 치즈를 옮겼을까 | 스펜서 존슨 |
| 목차 26, P167 | 미래사회를 이끌어가는 기업가 정신 | 피터 드러커 |
| 목차 27, P171 | CEO 안철수, 지금 우리에게 필요한 것은 | 안철수 |
| 목차 30, P185 | 워렌 버핏 투자 노트 | 메리 버핏 |

## 2. 전한길 실패학 참고문헌

| 위치 | 책제목 | 저자 |
| --- | --- | --- |
| P200 | 절대 변하지 않는 8가지 성공원칙 | 브라이언 트레이시 |
| P208 | 여록과 보유(우리나라에는 '쇼펜하우어 문장론') | 아르투르 쇼펜하우어 |
| P210 | 절제의 성공학 | 미즈노 남보쿠 |
| P218 | 잘되는 회사 안되는 회사의 법칙 | 후지노 히데토 |
| P224 | 급진파의 원칙(우리나라에는 '급진주의자를 위한 규칙'으로 출간됨) | 솔 앨린스키(사울 알린스키) |
| P251 | 지혜로운 킬러 | 이정숙 |
| P252 | 실패기업에서 배운다 | 요시오카 켄(켄쇼) |
| P255 | 회사에 돈이 모이지 않는 이유 | 오카모토 시로 |
| P262 | 사기의 인간경영법 | 김영수 |
| P276 | 먹어라 그렇지 않으면 먹힌다 | 필 포터 |
| P284 | 가난해도 부자의 줄에 서라 | 테시마 유로 |
| P284 | 머리 좋은 사람이 돈 못 버는 이유 | 사카모토 게이치 |
| P312 | Making the most of college 〈하버드대 교수가 쓴 원서임〉 | 리처드 라이트 |

## 3. 손주은 성공학, 전한길 실패학을 집필하기 전에 새로 읽었던 책들

1. 부와 성공의 비밀 구글에서 훔쳐라

2. 검색으로 세상을 바꾼 구글 스토리

3. 구글, 성공 신화의 비밀

4. 구글 VS 네이버

5. 구글을 지탱하는 기술

6. 구글: 성공의 7가지 법칙

7. 아마존이냐 eBay냐 퀵스타냐?

8. 야후! 성공방식

9. 네이버, 성공 신화의 비밀

10. 인터넷 공황

11. 인터넷 기업 성공법칙 37

12. 싸이월드는 왜 떴을까?

13. 세계최고 아이디어 100가지

14. 구글 · 아마존화 하는 사회

15. 톰피터스의 미래를 경영하라

16. 앨빈 토플러 부의 미래

17. 피터 드러커 미래경영

18. 미래 기업의 조건

19. 미래의 물결

20. 미래의 기업 어디로 갈 것인가

21. 미래를 읽는 기술

22. 경제인의 종말

23. 단절의 시대

24. 트렌드를 읽는 기술

25. 60 Trend 60 Chance

26. 자본주의 이후의 사회

27. 빌게이츠의 미래로 가는 길

28. 빌게이츠 @ 생각의 속도

29. 사카모토 료마와 손정의의 발상의 힘

30. 손정의 성공법

31. 시대가 만든 천재 손정의, 천재가 만든 시대, 소프트뱅크

32. 손정의 인터넷 제국의 지배자

33. 손정의 크게 말하다

34. 멀티미디어 왕국 건설의 꿈 손정의

35. 칼리 피오리나, 힘든 선택들

36. 르네상스

책은 결국은 콘텐츠 싸움이다. 처음 쓴 원고는 전한길 선생님과 공저를 했으며, 전한길 선생님이 7곳의 출판사에 투고하여 다산북스, 김영사, 21세기북스에서 연락이 왔다.

나는 당시 누구에게도 책을 쓰는 법을 배운 적이 없었다. 실제로 작문법, 글쓰기에 대한 책도 보지 않았다. 나는 당시 글쓰기 롤모델이 있었다. 바로 『익숙한 것과의 결별』을 쓴 구본형 작가였다. 그럼, 구본형의 글쓰기 방식을 어떻게 배웠을까? 구본형 선생을 만났을까? 아니다. 구본형 선생이 쓴 책을 모두 다 읽었다. 그러면서 그의 글쓰기 방식을 배웠다. 어느 정도의 글을 적고, 다른 사람의 글을 인용하고, 자신의 생각으로 마무리하는 방식의 글쓰기를 그의 많은 책을 읽으면서 배울 수 있었고, 그것을 적용했다. 그러면서 처음으로 책을 쓸 수 있었다.

그러니까, 책을 많이 보면서 그의 글쓰기 방식에 익숙해지는 것, 그것이 글을 잘 쓰는 비결이다. 한 작가를 선정해서 그의 글을 많이 보면서 익숙해지면서 '글발'이 늘게 된다. 그리고 책을 많이 보게 되면 좋은 문장들이 등장한다. 그것을 활용하면 글의 수준이 높아진다. 따라서 좋은 표현은 늘 메모를 해두어야 한다. 책도 그렇고, TV에서도 그렇고,

논문에서도 그렇다. 드라마나 영화에서도 좋은 문장이 나오면 늘 메모를 해두어야 한다. 물론, 나는 그렇게 하지는 않았다. 나는 될 수 있으면 암기를 하려고 했다. 암기를 한다는 표현은 말 그대로 암기를 하는 것이 아니다. 수많은 문장들에 노출되면서 자연스럽게 이루어지는 것이 암기라고 나는 본다. 나는 수많은 책들을 계속해서 보면서 주옥같은 표현들에 수없이 노출되었다. 또한, 엄청난 양의 다큐멘터리를 보면서 다큐멘터리에서 등장하는 주옥같은 표현들을 모조리 섭렵했다. 가령, 《대국굴기》라는 다큐멘터리를 보면 〈일본편〉에서 이런 표현이 등장한다. "역사의 물결은 보이지 않는 곳에서 일어나 지워지지 않는 흔적을 남긴다." 이 얼마나 아름다운 표현인가! 이러한 글들은 외우려고 해서 외워진 것이 아니다. 저절로 외워진 것이다. 수없이 노출되면서, 엄청난 감동을 받으면서 그냥 외워진 것이다. 이런 암기를 바탕으로 조금 변형해서 글을 쓰면 엄청난 표현, 즉 독자들의 심금을 울리는 표현들이 넘쳐나는 글을 쓸 수 있게 된다. 그러나 그 문장을 그대로 사용하면 저작권법 위반, 즉 표절이 된다. 그러므로 그 문장을 반드시 자기화해서 표현해야 한다. 그러면 높은 수준의 문장이 탄생하게 된다. 그러면서 문장을 하나씩 하나씩 올려가는 것이다.

고등학교 시절 국어 선생님께서 하신 말씀이 기억에 남는다. 그 선생님은 영화를 보는 재미는 좋은 문장을 보는 재미라고 하셨다. 그 영화 한 편에서 좋은 문장 하나를 보고, 그것을 통해서 많은 깨달음을 얻고, 사용하는 것! 그것에 영화의 묘미가 있다는 말씀을 하셨다. 공감을 한다. 좋은 문장을 만나는 기쁨은 매우 크고, 작가에게는 더욱 크기 때문이다.

어쨌든 글을 쓰려면 우선은 벤치마킹의 대상이 필요하다. 그 다음 좋은 문장을 많이 접해야 한다. 즉, 책을 많이 보면서 좋은 글에 계속 자신을 노출시켜야 한다. 그런 다음 생각을 많이 해서 자기화해야 한다. 좋은 글을 많이 보고, 생각을 많이 하는 것이 반드시 필요한 이유 중 하나이다. 이것은 일반적인 책쓰기뿐만 아니라 소설도 똑같이 해당한다. 소설 쓰기 역시 스토리 진행 방식이 있다. 그 방식은 작가마다 다르며, 그 스타일을 본떠야 한다. 그래야 소설을 쓸 수 있다. 처음에 그 뼈대를 잡지 않으면 도저히 글을 쓸 수 없게 된다. 책을 쓰는 일은 철저한 설계작업이고 전체그림을 보는 작업을 먼저 하고 시작하는 게임이다.

초보자는 이렇게 하면 글을 쓰는 데 큰 도움을 받을 수 있으며, 그 다음에는 수많은 실험을 통해서 자기만의 스타일을 만들어야 한다. 나는 처음에는 구본형식 글쓰기를 지향하다가 요즘은 이상민식의 글쓰기를 지향한다. 나는 지금은 오로지 이상민 만이 할 수 있는 생각을 쓰고, 형식을 타파하면서 나만의 룰을 만들어가는 중이다. 왜냐하면 결국은 나의 색깔, 나의 글로 나와야 하기 때문이다. 그래서 수많은 글쓰기 실험을 반복하는 중이며, 그렇게 글이 진화해나가고 있다.

그러나 초보자에게는 반드시 나침반이 필요하다고 생각된다. 무엇보다 중요한 것은 자료 조사이다. 자료의 뒷받침이 없으면 절대로 글을 쓸 수 없다. 인간이 흙으로 왔다가 흙으로 돌아가는 존재라면 책은 자료에서 왔다가 자료로 돌아가는 것이라고 할 수 있다. 이것이 본질이다. 물론, 출판에서 기획의 중요성은 매우 크기 때문에 좀 더 정확히 이야기를 하면 "자료(개인의 경험이나 관심사)에서 왔다가 기획을 거쳐 자료로 완성된다"는 표현이 좀 더 정확할 수 있다.

즉, 책에 어떤 내용이 들어 있느냐는 것이다. 믿을 수 있는 내용을 바탕으로 책을 전개하느냐는 것이다. 그리고 그를 토대로 자신의 생각이 얼마나 무르익어 있느냐는 것이다. 소위 작가의 통찰력이 들어 있느냐는 것이다. 얼마나 많은 고민을 했고, 생각을 했느냐는 것이다.

또, 그 자료와 데이터를 일반적인 해석을 하지 않고 남다른 해석을 했느냐는 것이다. 그 힘이 작가의 내공으로 드러나며, 그 힘이 결국 좋은 책의 향배를 가른다고 할 수 있다.

나도 맨 처음 책을 쓸 때 계속해서 자료를 모았다. 그 후, 생각을 많이 했다. 길을 걸으면서도, 목욕을 하면서도, 버스를 타면서도 생각에 생각을 거듭했다. 그래서 좋은 생각이 떠오르면 즉시 녹음을 했다. 또, 한밤중이라도 좋은 생각이 떠오르면 새벽 3시라도 일어나서 내 방으로 뛰어가서 글을 적곤 했다. 그러다가 한번은 자고 있는 중에 꿈속에서 아이디어가 떠올라서 메모를 하기 위해서 한밤중에 안방에서 일어나서 내 방으로 뛰어가다가 거실에 있는 큰 상에 무릎을 부딪쳐 상 위에 있는 큰 유리판이 산산조각 나서 무릎에서 피가 나고 유리 조각들 때문에 한 발자국도 움직이지 못한 적도 있다. 그때는 어머니를 한밤중에 깨워서 겨우 움직일 수 있었다. 즉, 책을 쓰는 데 미쳤던 것이다.

그랬다. 나는 미쳤었다. 그리고 지금도 미쳐있다. 나는 그 당시 한밤중이고, 낮이고 관계없이 무조건 뛰어가서 기록으로 남기고, 좋은 생각이 있으면 즉시 정리해서 글을 썼던 치열함이 있었다. 그렇게 미쳤기 때문에 책이 나올 수 있었다고 생각된다.

글이 잘 써질 때면 학원 강의실(첫 책의 집필실은 학원 강의실이었다)에 간이침대를 놓고 그곳에서 숙식을 하면서 새벽에도 글을 썼고, 밤에 배가 고프면 김밥·컵라면 등을 사 와서 새벽에 먹으면서 책을 썼고, 몸이 피곤하면 사우나에 가서 몸을 풀고 책을 썼다.

책을 다 쓰고 나서는 나는 하늘을 보고 이렇게 말했다. "하늘을 우러러 한 점 부끄러움이 없다!" 나는 이 말을 내 스스로 내가 내뱉는 모습을 발견하면서 나 자신에게 큰 감동을 느꼈다. 원고를 마감했던 날짜가 아직도 생각이 난다. 원고마감은 12월 초였다. 전한길 선생님과 함께 양평에 갔었다. 그때 혼자서 아침에 산책을 했는데 그때 찬바람을 맞으며 기분이 그렇게 좋을 수가 없었다. 세상의 모든 것을 얻은 기분이었다. 파란 하늘이 내 가슴 안으로 들어오는 기분이었다. 나는 정말 행복했다. 내 스스로에게 한 점의 후회도 들지 않는다는 말이 내 스스로에게서 나왔고, 진심이었다. 행복했고, 아름다운 시간이었다. 아무도 책을 쓰는 방법에 대해 알려주지 않았지만 혼자서 6개월 동안 죽을 고생을 한 끝에 2권의 책을 집필했다. 나는 그때 진짜 독하게 실천했다. 글이 안 써지더라도 무조건 자리에서 일어나지 않았다. 한밤중이라도 흐름을 타면 집에 가지 않고 편의점에서 김밥과 컵라면을 사와 새벽 3

시에 그것을 먹으면서 글을 썼고, 학원강의실 간이침대에서 잠을 잤다. 그리고 아침에 일어나 사우나에 가서 몸을 풀고 들어와 다시 집필을 했다. 그런 생활을 6개월 간 하면서 엄청난 내용의 책이 나왔으니 감동을 하지 않을 수 있었겠는가. 나는 감동했다. 그때 함께 집필을 도왔던 전한길 선생님은 내 노고에 칭찬을 하면서 축하기념으로 일본 도쿄여행을 함께 갔었다. 내 고생을 치하한다는 뜻이었다. 전한길 선생님과도 행복한 시간을 보냈다.

이러한 극적인 체험을 하고 난 뒤 난 나 자신에 대한 신뢰를 할 수 있었고, 전업 작가에 대한 확신을 할 수 있었다. 이러한 믿음의 토대가 있었기 때문에 2009년부터 2011년까지 책과 다큐멘터리만 보는 생활을 할 수 있었다. 3년간 어둠 속으로 들어가는 시간이었지만, 2008년에 첫 책을 쓰면서 내 스스로에게 감동을 느낄 정도로 좋은 글을 썼기 때문에 가능했다.

결국 책을 처음 쓰는 사람은 자료를 많이 모아야 한다. 나이가 많은 분들은 이미 살아온 삶으로 자료가 축적되어 있기 때문에 "살아온 삶= 자료"라고 생각해야 한다. 그래서 자신의 삶에서 건져 올려야 한다. 자신의 직장 생활, 자신의 공부, 자신의 사업에서 건져 올려야 한다. 그렇게 자기에게서 건져 올린 후, 책을 좀 더 보고 자료 조사를 마무리하면 된다. 경북대 의대를 나와 대구에서 안과를 하고 있는 우리 외삼촌은 내게 책에 대한 생각을 전했다. "요즘 책은 책이 아니야. 논문이야. 논문 한 3개 정도 합친 것이 책이야." 나는 그렇게 말했다. "그렇습니다."

내가 왜 이렇게 말했는가 하면, 책은 철저한 자료의 조사와 편집 그리고 가공을 통한 창조이기 때문이다. 그렇기 때문에 책을 쓰려는 사람은 내공이 있어야 한다. 즉, 아는 것이 많고, 경험이 많고, 수준이 높아야 한다는 말이다. 나의 경우에도 수천 권의 책과 수천편의 다큐멘터리, 제주도에시 1년 생활한 경험이라는 내용이 있지 않은가. 그 밑천으로 나는 한국에서 강한 작가로 불리고 있다. 물론, 나는 작가의 본질을 잘 알고 있다. 공부를 하지 않으면 작가는 끝이라는 것을. 그래서 나는 또 다시 그 누구도 상상하지 못한 새로운 형태의 공부를 할 것이다. 그를 통해서 다시 한 번 한국을 깜짝 놀라게 할 생각이다.

# 책은 결국은
# 콘텐츠의 완결판이다

책에서 콘텐츠의 중요성은 입이 아플 정도로 말해도 모자라므로 다시 한 번 더 말하고자 한다. 책은 내용이 있어야 한다. 그것도 좋은 내용이어야 한다. 독자들이 책을 읽고 나서 도움이 되어야 하며, 그것도 다른 책들과 차별화될 정도로 도움이 되어야 한다. 그러려면 내용에 대한 확실한 준비가 있어야 하며, 그것이 바로 자료 조사로 귀결된다.

우리는 흔히 책은 문장을 잘 써야 한다고 생각하지만, 전혀 맞지 않는 말이다. 문장은 엉망으로 써도 된다. 우리는 유려한 문장을 보기 위해서 책을 보는 것이 아니라, 내용을 보기 위해서 책을 보는 것이다. 우리는 철저히 콘텐츠를 보기 위해서 책을 보고 있다. 그러니까, 책쓰기=글쓰기가 아니다. 책쓰기=콘텐츠 재창조이다. 이것은 책쓰기에 있어

불멸의 진리이다. 쉽게 예를 들어보면 이렇다. 우리가 만화영화를 본다. 만화를 잘 그리면 좋다. 그러나 스토리가 엉망이면 재미가 없어서 아무도 안 본다. 《날아라 슈퍼보드》가 작화가 유려한가? 아니다. 그런데 시청률은 어떤가? 대박이다. 왜인가? 재미가 있기 때문이다. 《미생》이라는 만화가 그림이 유려한가? 아니다. 그런데 대박이다. 왜 인가? 스토리가 재미있기 때문이다. 즉, 콘텐츠가 있기 때문이다. 명심해야 한다. 책은 철저한 콘텐츠라는 것을. 아무리 문장이 유려해도 그 안에 내용이 없으면 아무도 그 책을 보지 않는 것은 불멸의 진리이다. 그 점을 안다면 책쓰기의 절반 이상을 아는 셈이라고 나는 자신 있게 말하고 싶다. 책쓰기의 절반 이상을 넘은 셈이라고 말하고 싶다.

특히나 우리가 쓰고자 하는 책은 내용을 전달하는 책이고, 내 생각을 전달하는 책이므로 더더욱 그렇다. 그렇기 때문에 공부가 되어 있어야 하며, 공부를 해야만 한다. 그래야만 좋은 책을 쓸 수 있다. 실제로 내가 아는 한 대기업의 사장님은 나에게 그런 말을 한 적이 있다. "책은 아무나 못 쓴다. 공부가 안 되어 있는 사람이 어떻게 책을 쓰는가. 수준미달인 사람이 책을 쓰려고 하면 안 된다. 답은 공부이다." 나는 그 말에 동의를 표했다. 따라서 책쓰기에서 작법 공부는 거의 의미가 없으며, 철저히 내공 중심으로 들어가야 한다. 또한, 조사 중심으로 들어가야 한다. 그리고 많은 생각을 해야 한다. 생각을 통해서 수준 높은 전달을 해야 하고, 내 생각의 수준을 높여야 한다. 그래야 높은 수준의 책을 쓸 수 있다. 책의 퀄리티는 결국 사고의 눈높이에서 결정되며,

이 사고는 치열한 공부와 생각의 결과로 나올 수 있다. 그렇기 때문에 책을 쓰는 데는 어느 정도의 시간이 소요될 수밖에 없다. 다만, 초심자의 경우, 3개월에서 6개월(이렇게 책을 쓰려고 하면 진짜로 열심히 해야 한다. 어영부영하면 30년을 해도 책을 못 쓴다. 질을 압도적으로 높여서 승부해야 한다. 시간의 밀도로 최대치로 높여서 죽기살기로 공부하고 글을 써야 한다) 안에 책을 쓴다고 생각하면 되며, 책을 한 권 내고 난 이후에는 1년에 2권에서 많으면 4권 정도의 책을 쓴다고 생각하면 적절하다. 이 정도의 책을 쓴다고 했을 때 높은 수준의 책 출간이 보장되며, 지나친 다작多作을 하면 졸작이 나올 가능성이 매우 커진다고 할 수 있다. 왜냐하면 그만한 준비가 안 된 상태에서 책을 쓰기 때문이다.

사실, 좋은 책을 쓰기란 매우 어렵다. 어렵고 고된 일이다. 그만한 준비를 해야 하기 때문이다. 그렇기 때문에 책을 1권 쓰는 데 준비 기간까지 포함해 3개월에서 6개월 정도(물론 개인차가 있을 수는 있고 책마다 다를 수는 있다)가 걸리는 것이 정상적이며, 이것은 책을 몇 권 출간하고 나서도 마찬가지이다. 그래서 다작의 경우, 현실적으로 좋은 내용의 책이 되기가 어려운 것이다. 가령, 1년에 10권의 책을 출간한다고 해보자. 그러면 새로운 콘텐츠에 대한 공부, 즉 자료 조사 기간이 약 20일밖에 되지 않는다. 그중에 가정의 일도 있을 것이고, 본인의 볼일도 있을 것이고, 그러면 실제로 본인이 책의 자료 조사에 쓰는 시간은 15일 정도밖에 안 된다. 그렇게 해서 일주일 만에 책을 쓰고, 출간 전에 출판사에서 오는 원고를 다시 훑어봐야 한다. 그렇게 해서는 도저히 좋은 책이 나올 수 없다. 다작 작가의 한계는 바로 자료 조사의 한계, 공부의 한계, 콘텐츠의 한계에서 오는 것이다.

그래서 한국에서 다작을 하는 작가 중에 제대로 된 작가가 거의 없는 것은 타당하다고 할 수 있다. 공부할 시간의 절대적 부족이 콘텐츠의 부실을 불러오기 때문이다.

따라서 책을 쓰려는 여러분은 준비를 많이 해야 하며, 3개월에서 6개월 정도의 시간을 반드시 투자해야 한다. 그러나 큰 염려를 하지 않아도 된다. 우리가 10권의 책을 쓰는 것은 어렵지만, 1권의 책은 그동안 우리가 살아오며 쌓아온 콘텐츠만으로, 우리의 삶만으로 충분히 잘 만들 수 있기 때문이다. 왜냐하면 우리가 살아온 그동안의 삶을 총집결해서 1권의 책에 담아내면 되기 때문이다. 만약 우리가 10권의 책을 쓴다면 오랜 시간이 걸릴 것이다. 적어도 5년은 잡아야 된다고 생각한다. 왜냐하면 그것이 바로 책과 콘텐츠의 본질이기 때문이다.

여러분이 만약 책을 써야 한다고 생각한다면, 그동안의 삶을 철저하게 돌아보아야 한다. 그리고 내가 앞으로 나아갈 방향에 대해서 많은 고민을 해서 방향을 확실하게 정해야 한다. 내가 책으로 기대하는 바를 명확히 정하고, 그것에 맞는 책쓰기를 해야 한다. 그리고 독자들의 요구를 확실히 충족시켜야 한다. 그것은 출판시장의 분석으로 가능하다. 출판시장은 그동안에 출간된 책들을 중심으로 분석을 해보아야 한다. 이 책이 왜 팔렸는지에 대한 사람 공부가 반드시 필요한 것이 출판의 핵심인데, 여기에 대한 공부와 감각이 필요하다.

어쨌든 콘텐츠이며, 이것이 책의 핵심이다. 철저한 자료 조사와 공부가 되어야 한다. 이 분야에서 한국 최고라고 할 정도의 공부가 되어야 한다. 그런 자부심과 자존심이 있을 때 내용으로 승부하는 좋은 책을 쓸 수 있다. 여러분은 책을 내는 것에 그치면 안 된다. 그러면 수준 낮은 책을 낸 저자에 머물게 된다. 그것이 아니라 좋은 내용의 책을 써야 하며, 공신력이 있는 대기업이나 공기업으로부터 인정과 추천을 받는 책을 써야 한다. 그런 책을 써야만 여러분의 생명이 오래갈 수 있다. 당장의 베스트셀러에 주목하면 안 된다. 그것은 여러분이 노력해서 될 수도 있지만, 안 될 수도 있는 영역이다. 전업으로 책을 쓰고 있는 사람도 늘 베스트셀러가 될 수 없다는 점을 기억해야 한다. 또한, 쟁쟁한 사람들도 베스트셀러가 안 되고 있는 현실을 충분히 감안해야 한다. 마케팅을 강력하게 하고, 운이 따라서 베스트셀러가 되는 경우도 있지만, 그 또한 계획이나 계산으로 이루어진 부분은 아니라는 점을 알아야 한다. 노력을 해야 하고, 그러다 보면 되는 것이 베스트셀러이다. 따라서 여러분은 책을 통해서 미래를 만들어간다는 생각을 하고, 장기적인 승부에 포석을 두어야 한다. 그렇게 하기 위해선 철저히 내용이 좋은 책으로 승부해서, 하나하나씩 브랜드를 만들어나가야 한다. 이것이 여러분이 지향해야 할 책쓰기의 정석이며, 이렇게 내용이 뒷받침될 때 길은 열리게 된다.

내용이 뒷받침되려면 자료 조사가 되어야 한다. 이것은 급조될 수 없다. 시간이 제법 걸릴 수 있다. 그렇기 때문에 여러분의 평소의 관심사, 특기, 장기들을 가지고 책을 써야 한다. 그러한 것들에는 여러분의 수년간의 노하우가 집적되어 있을 것이기 때문이다. 또, 현재 유행하고 있는 책을 써야하는 것은 맞지만, 그렇다고 해서 본인의 내공이 없는데도 무작정 따라해서는 곤란하다. 본인의 기질, 성향에도 맞아야 하고, 잘하기도 해야만, 그 책을 잘 쓸 수 있다. 아예 손을 대지 못한 부분이라고 하더라도 종합적인 판단을 통해서 그 파트가 맞는지 안 맞는지 정밀하게 살펴보아야 한다. 그런 다음 책을 써야 한다.

여러분은 장기적인 승부를 준비해야 한다. 멀리 보고 포석을 두어야 한다. 책을 쓰면 지금 당장 돈을 벌 수 있다는 말은 거의 사기에 가까운 말이다. 그것은 불나방과 같다. 있을 수 없는 일이다. 왜냐하면 작가로의 성공에는 시간이 필요하기 때문이다. 캠브리지대 장하준 교수, 시골의사 박경철도 베스트셀러 저자로 올라오는 데 10년의 시간이 걸렸다. 분명 시간이 걸리는 일이고, 장기적인 승부로 생각해야만 한다. 단 하나의 행동을 했는데 당장 무엇이 달라지는 것은 로또 복권에 당첨되는 일 이외에는 없다는 것을 나이가 마흔쯤 되면 알아야 하는 것 아닌가! 그렇게 말도 안 되는 달콤한 내용들은 대부분 사기였다는 것도 알고 있어야 하는 것 아닌가! 천천히, 그러나 멀리 보고 승부해나가야 한다. 큰 승부는 많은 시간이 걸린다는 것을 명심하고 나가야 한다. 그러면 반드시 승리할 수 있다. 왜냐하면 열심히 했을 때 1년 내로는 달라지는 것이 미미하지만, 죽기살기로 살아가는 시간이 10년이 쌓이면 엄청난 변화가 있기 때문이다. 나의 삶 또한 지난 10년 동안 엄청난 변화가 있었다. 주위 사람들이 책을 낸다고 변명하고 놀고먹는 백수로 인식하다가, 대한민국을 대표하는 청년독서가가 되었고, 대한민국의 30대를 대표하는 전업작가가 되었다. 또한, 문화체육관광부를 비롯해 SK그룹, Daum, 미래에셋대우, 서울대, 연세대, 카이스트, 국립중앙도서관, 국립세종도서관, 교보문고 등에서 직·간접적으로 인정을 받는 저명인사가 되었다. 엄청난 변화라고 할 수 있다. 우리는 인생을 도박으로 살아선 안 된다. 우리는 단단한 성공으로 나아가야 한다. 그러기 위해서는 확실한 실력과 능력, 진짜의 내공으로 나아가야 한다. 그러기 위해서는 피나는 노력과 눈물이 필요하다. 피와 땀과 눈물을 통해서 진짜 내공을 만들 때 진짜 좋은 내용의 책이 나오며, 그럴 때 미래는 반드시 열린다고 나는 확언한다. 이것은 한국을 대표하는 책쓰기 강사로서 양심을 걸고 말하는 것이다. 결국 여러분은 콘텐츠의 힘으로, 공부의 힘으로, 진짜 내공의 힘으로 나가야 한다.

따라서 멀리서 여러분의 책 소재를 구하면 안 된다. 철저히 여러분 자신에게로 파고들어야 한다. 현재 A라는 소재가 베스트셀러라도 무조건 탐내면 안 된다. 여러분이 능력의 범위 내에서 할 수 있으면 해도 되지만, 그렇지 않다면 여러분은 여러분의 것으로 승부해서 나가야 한다. 그것이 비록 더디고 힘들더라도 그래야 한다. 여러분은 최선을 다하고 포기를 하지 않는다는 전제 하에서 여러분의 내공 안에서 충분히 성공할 수 있다. 비록 시간이 걸리더라도 그렇다.

성경을 보면 이스라엘인이 무려 40년간 광야에서 생활을 한다. 그때

많은 이스라엘인들이 원망을 했다. 그러나 실제로 그들은 40년간 진짜를 만들기 위해서 연단을 한 것이었다. 결국 그들은 광야 생활을 통해서 연단했고, 그를 통해서 정금같이 나올 수 있었다. 즉, 그들의 영광의 날은 광야 생활을 통해서 나온 것이었고, 그를 통해서 그들이 빛날 수 있었다.

여러분이 지금 진짜 내공을 만들고, 고독하고 힘든 시간을 보내는 오늘날을 두고 여러분은 지금 자신에게 화가 날 수 있고, 초조할 수 있고, 힘이 들 수 있지만, 절대로 여기에 넘어지면 안 된다. 반드시 끝까지 가야 한다. 그래서 성공을 이루어내야 한다. 진짜로 승부해서 반드시 영광을 보아야 한다. 책은 다른 분야와 똑같이 가령 사업이나 직장 생활처럼 오랜 시간 동안 힘든 광야 생활을 필요로 하며, 그 시간이 힘들고 혹독하면 할수록 더 큰 영광을 보장한다는 사실을 마치 종교처럼 믿고 나가야 한다.

결국은 내공이다. 진짜 실력이다. 그래서 좋은 내용의 책을 써야 한다. 나 역시 30대 초반이고, 지방대 졸업장을 가지고 있지만 진짜 좋은 내용에 내 목숨을 완전히 걸어버렸다. 나는 취업이라는 퇴로를 막고 전업 작가로 책을 썼다. 그리고 늘 목숨을 걸고 책을 썼다. 그리고 글이 실패할 때는 산 속으로 들어갈 생각을 했었다. 산 속에서 극도로 소비를 줄여 공부를 하고 다시 승부를 할 것을 결심했다. 그렇게 하면 최고가 될 수밖에 없다고 생각했다. 왜냐하면 한 분야를 정하고 목숨을 걸고 오랜 시간 승부하면 길은 반드시 열릴 수밖에 없는 것은 상식이기 때문이다. 그 결과 돈과 빽이 아무것도 없지만 오직 내용만으로 출간한 책의 무려 70%가 공신력 있는 단체에서 인정하는 사건을 만들어버렸다. 이것의 힘은 결국 진짜 내공에 미친 것에 있다.

나는 여러분에게 공부에 미치라고, 콘텐츠에 미치라고 말하고 싶다. 그리고 지금 당장의 돈을 보는 불나방 같은 마인드를 완전히 버리고 흔들림 없는 큰 태산처럼 승부를 해나가라고 말하고 싶다. 그래서 10년 후, 정금같이 나와서 세상을 뒤흔드는 사람이 되었으면 한다. 이것이 책의 본질이고, 인생의 본질이기도 하기 때문이다. 실력 없이, 내공 없이, 눈물 없이 성공하는 것은 없다. 반드시 시간이 필요하다. 여러분은 그 점을 명심하며 나아가길 바란다.

# 초보자는 책을 쓰는 것이 아니라
# 완성하는 것이다

글쓰기를 단기간에 배워서 잘할 수 있다는 말을 그대는 믿는가. 왜 이렇게 한국 사람은 쉬운 길이 있다는 말에 속아서 넘어갈까. 나는 그 점이 참 안타깝다. 왜냐하면 인생의 본질은 힘들고 고통스러운 것인데 말이다. 공짜는 없고, 쉬운 길은 없다. 인생에 왕도는 없으며, 무조건 힘들고 고통스러운 것을 극복하는 것 외에는 방법이 없다. 인생을 어떻게 3분 만에 쉽게 끓이는 컵라면이라고 생각할 수 있는가. 절대 그럴 수 없다.

글도 그러하다. 글을 잘 쓰려면 혹독한 트레이닝을 할 수밖에 없다. 죽기 살기로 트레이닝을 해야 한다. 엉덩이로 눌러젖히는(?) 일이 책쓰기다. 엉덩이로 꽉 눌리는 싸움을 누가 잘 하느냐의 싸움이 책쓰기다. 일종의 감옥 생활이다. 자기를 방 안 혹은 연구실 안에 가두고 절대로 그 공간을 벗어나지 않는 싸움을 누가 잘 하느냐의 대결이다. 그리고 그 작은 공간에서 세계를 놀라게 하는 업적이 탄생한다. 따지고 보면 그것이 세계사의 궤적 아닌가! 그렇다. 책쓰기는 재능이 아니라 노력이 99%이다. 하루에 10시간 이상 초집중을 해서 노력하는 시간을 3년 이상 보냈는데도 뚜렷한 결과물이 없다면 나를 찾아오기를 바란다. 사실상 그런 일은 일어날 수 없기 때문이다. 나 같은 평범한 사람도 하루 10시간씩 3년이라는 시간을 초집중해서 책을 보고, 다큐멘터리를 보고, 글을 쓰는 시간을 보냈더니 모두가 놀라는 전업작가가 되었다. 아침 7시부터 저녁 11시까지는 책을 보고 글을 쓰는 노동, 사색하는 노동을 나는 실천했다. 사실상 그런 생활을 10년째 하고 있다. 노력이 거의 전부이다. 그리고 끝장을 보는 태도가 절대적으로 필요하다. 노력하라. 노력하면 된다.

솔직히 글쓰기에 트레이닝이 혹독하게 안 된 사람은 글쓰기를 잘 할 수 없다. 책쓰기는 더 어렵다. 매일 글을 쓰는 신문 기자들도 책을 쓰는 데에 부담을 느끼는 이유는 긴 호흡의 글쓰기에 트레이닝이 안 되어 있기 때문이다. 글 쓰는 일은 만만한 일이 아니다.

그렇기 때문에 초보자들은 글쓰기 자체가 안 된다고 보는 일이 맞다고 본다. 글을 잘 못 쓴다고 보아야 하고, 단기간에 글쓰기 실력이 향상되지 않는다고 보아야 한다. 물론, 단기간에 가능한 방법이 있기는 하다. 다만, 그런 실천을 하려면 쉬운 일이 아니다. 초보자들은 이렇게 말한다. "편지 쓰는 것도 힘듭니다." 맞는 말이다. 편지 쓰는 것도 힘들다.

당연히 힘들다. 훈련이 되어 있지 않은데 쉬운 것은 당연히 맞지 않는 일이다. 그런데 책을 쓰라니, 당연히 힘들다. 그러니 초보자들에게 글을 쓸 수 있다는, 책을 쓸 수 있다는 것을 기대하기 힘들다.

따라서 초보자들은 책을 쓰지 말고 '완성'해야 한다. 쓴다는 개념을 버리고 완성한다는 개념으로 접근해야 한다. 다시 말해서 책을 쓰기 전에 자료 조사와 개요 작성을 토대로 이미 책의 뼈대를 모두 만들어 놓고, 글을 쓰는 것이 아니라 뼈대에 살을 덧붙이는 식으로 완성해야 한다.

쉽게 말해서 책을 쓸 때 개요 작성을 통해서 책을 어떤 식으로 쓸지 미리 모두 작성을 다 해놓고, 그에 맞추어서 글을 완성하면 누구나가 책 1권을 완성할 수 있게 된다. 이것은 고급 노하우이고, 전문가의 부연 설명이 필요한 부분이므로 이후에 책쓰기 일일특강 강의 자리를 만들어서 자세히 공개를 하고자 한다. 칠판에서 자세한 설명을 할 필요가 있기 때문이다.

결국 초보자의 경우에는 책을 쓰려고 해서는 안 된다. 그렇게 쓰려고 하면 머릿속이 하얗게 변하기 때문이다. 그렇게 하지 말고 미리 책에 구체적으로 무엇을 넣을지를 작성해두어야 한다. 또, 최대한 많이 작성해두어야 한다. 그렇게 하면 글을 쓰는 데 어려움을 덜 수 있다. 아니, 정확히 말하면 책을 완성만 하면 된다. 이미 뼈대가 모두 있으니 여기에 살만 조금 덧붙이는 정도로 책이 완성되기 때문이다. 물론, 이 작업까지 하는 것이 힘들 수 있다. 어떻게 보조문장을 작성하고, 어떻게 자료를 배치하고 정리하는지에 대한 개념이 어려울 수 있다. 그러나 힘이 들더라도 해보면 된다. 만약 힘이 든다면 책쓰기 일일특강을 듣고 무료 컨설팅을 받아보는 것을 권하고 싶다. 도산학교에서는 책쓰기 무료 컨설팅(책쓰기 1대 1 무료코칭)도 해주기 때문이다.

콘텐츠의 중요성은 매우 크다. 콘텐츠에서 와서 콘텐츠로 가는 것이 책이기 때문이다. 이 점을 명심한다면 여러분은 책쓰기의 절반 이상을 끝낸 것이라고 보아도 된다.

# 누구나 내용으로 승부하는
# 좋은 책을 써야 한다

책의 본질은 어디에 있을까? 결국은 좋은 내용에 있다. 쉽게 말하면 이렇다. 좋은 내용은 책의 뿌리이고, 책의 인기(베스트셀러)나 스테디셀러는 책의 열매이다. 즉, 좋은 내용이 뒷받침되어야 한다. 당장 인기가 있을 수도 있지만, 없을 수도 있다. 그러나 내용이 좋으면 반드시 좋은 열매를 맺게 된다. 물론, 단단한 뿌리가 없으면 요행으로 큰 열매를 얻을 수는 있어도, 반드시 그 끝이 안 좋게 된다. 왜냐하면 결코 오래갈 수 없기 때문이다.

요즘 한국에 살기가 팍팍해지고 힘들어지면서 많은 사람들이 사기꾼들에게 넘어간다. 노력 없이 성공할 수 있다거나, 손쉽게 성공하는 법에 넘어간다. 그래서인지 서울 강남역 근처에만 다단계가 2,000개가 넘는다. 책쓰기가 힘이 들고 제대로 해야만 좋은 책을 쓸 수 있다고 하면 생각보다 수강생 등록률이 낮다. 왜냐하면 현실이 힘들어 손쉽게 성공하려고 책쓰기 강의를 들으러 왔는데 이 길 역시도 다른 길과 똑같이 힘들게 정면승부를 해야 한다고 하니 도망을 가버리는 것이다. 그러나 진실은 요행은 없다는 것이다. 실력을 바탕으로 단단하게 나가야 한다.

이러한 실력에 대한 이야기가 없이 책을 쓰면 부자가 된다거나, 책을 쓰면 고급 외제차를 손쉽게 살 수 있다고 이야기한다면 어처구니가 없는 일이다. 왜냐하면 사실상 사기이기 때문이다. 좋은 내용의 책은 피와 눈물과 땀의 산물이며, 이러한 고통의 시간은 진주를 잉태하기 위해서 반드시 필요한 일이다. 그렇기 때문에 제삿밥에 눈이 멀어서 책을 써선 안 된다. 시간이 걸리고 힘든 일이지만, 장기적인 승부를 보고 지금 당장의 고통의 시간을 참아야 한다. 이 시간은 생각보다 길 수 있으며, 적어도 3년에서 5년이 걸린다. 그렇게 생각하지 않고 뛰어들면 안 된다. 그런데 그런 이야기가 없이 장밋빛만 이야기한다면 잘못된 것이다.

실제로 책을 출간하지 못할 수도 있고, 책을 써도 빛을 보기까지는 오랜 시간이 걸리며, 그 길을 가면서도 많은 숫자의 사람들이 빛을 보지 못할 수도 있다는 이야기를 해야 한다. 그러나 이 길이 힘들고 고통스러운 길이지만 다른 직업이나 일과 마찬가지로 끝까지 밀고 나가면 반드시 성과가 있다고 말해주어야 한다. 그것이 책쓰기의 진실이기 때문이다.

나는 책쓰기 강의를 2016년 7월에 시작한 이후로 현재 많은 분들이 수강생으로 등록해 있다. 전 한국종합기술개발공사 상무, 전 중앙일보 기자, 전 프뢰벨 본부장, 전 롯데면세점 러시아법인장, 현 차의과대학 박사학위 과정생, 현 삼성중공업 사원, 현 LG화학 사원, 현 KBS 직원 등이 있다. 또, 코스닥 상장사였던 한국교육미디어 대표이사, 문재인 대통령선거운동본부 아동정책자문위원장, 금융감독원 부국장, 메리츠증권 전무 등이 나의 책쓰기 무료코칭을 거쳐갔다. 또, 2017년부터는 대한민국에서 최초로 한국 최대 기독교 방송국인 CTS와 함께 책쓰기 강의를 한다. 이 모든 것은 10년 동안 전업작가를 하며 단단한 내용의 책을 집필했기 때문에 가능한 일이었다. 장기적인 승부, 진정으로 옳은 길을 가면 반드시 세상의 수많은 사람들은 찾게 되어 있다. 내 삶이 그 증거이다.

사람들이 어려운 일은 피하고 싶고 쉽고 달콤한 것에는 속아 넘어간다는 것을 이용해 책을 써서 실패한 경우들과 책으로 성공하기가, 강의로 성공하기가, 1인 기업으로 성공하기가 쉽지 않다는 이야기는 없이 책을 써서 누구나 성공할 수 있고 돈을 벌 수 있다는 말을 가볍게 내뱉었다는 것, 실패 케이스에 대한 이야기는 없이 성공 케이스만 이야기를 했다는 것은 문제가 있는 것이고 그러한 방식으로 돈을 벌었다면 이것은 큰 문제라고 할 수 있다.

나는 분명히 말한다. 책으로 성공하는 데는 많은 노력이 필요하다고, 1인 강사로 성공하는 것도 많은 노력이 필요하다고 말이다. 그리고 이 책을 보고도 책을 출간하지 못할 수 있고, 나의 책쓰기 강의를 들어서도 책을 못 낼 수도 있다고 말한다. 책쓰기 책을 보고 따라해서 책을 낼수 있는 사람은 사실상 1%에 불과하다. 왜냐하면 혼자서 하면 빠질 수있는 함정이 100개가 넘으며, 이 중 1개에만 빠져도 기본으로 1년이 지나가기 때문이다. 또, 책쓰기 강의를 듣는 사람들 100%가 책을 낸다는것은 신의 영역에 도전하는 일이다. 나는 지금까지 내 수강생 전원이출판사로부터 출간계약 제안을 받았지만, 사실상 이것은 신의 영역에도전하는 일이라고 할 수 있다. 그리고 책을 써서도 성공하지 못하는경우는 일반 다른 경우와 같이 많을 수밖에 없다고 말한다. 사실, 사업을 하거나 직장 생활을 하거나 그 중에서 엄청난 성공을 거두는 사람은 언제나 1% 미만이다. 책을 써서 성공하는 사람도 같은 확률이라고보아야 한다. 따라서 확실히 남달라야 한다. 그러나 너무 두려워 할 필요는 없다. 노력하면 가능하기 때문이다. 평범한 내가 노력만으로 해냈다면 거의 모든 사람들이 노력을 하면 할 수 있다고 보아야 한다. 다만, 그 노력은 생각보다 힘든 일일 수 있다. 대부분의 실패하는 사람의특징이 있다. 노력을 안 한다. 실천을 안 하는 것이다. 자기가 아침 9시부터 저녁 6시까지 집중해서 일했으므로 정말 일을 열심히 했다고 착각한다. 노력을 한다면, 아침 7시부터 저녁 11시 정도까지는 해야 한다.그리고 사실상 한 달에 하루 정도만 쉬어야 한다. 취미도 일이 되어야한다. 삶 자체가 일종의 종교로써 일과 삶이 하나가 되는 모습을 보여줘야 한다. 그렇게 미치는 시간이 적어도 3년은 필요하고, 대가가 되려면 이러한 시간을 10년을 보내면서 삶을 마치 예술처럼 살아줘야만 한다. 그렇지 않고 성공을 원한다는 것은 도둑놈 심보라고 할 수 있다. 나는 죽을 고비를 몇 번을 넘기면서 이렇게 10년을 살았다. 그리고 지금 작은 성공을 거두고 있다. 남들은 성공만 보니까 나의 편한 삶을 보지만, 이것은 빙산의 일부에 불과하다. 바다 밑에 잠겨 있는 거대한 빙산은 엄청나며, 내 삶 밑에 자리 잡고 있는 고통은 엄청나다. 나는 그 시간을 모두 보냈기 때문에 지금이 있는 것이다. 작가로 성공하고자 하는 모든 사람들도 내 삶의 궤적을 그대로 따라 밟을 수밖에 없다. 내가 한국 최고의 작가들이 걸어왔던 길을 그대로 밟았듯이 말이다. 여기에서도 피나는 노력과 오랜 시간 동안 고통을 버틸 수 있는 배짱과 각오가 필요하다. 그리고 이 터널을 모두 통과한 사람에게만 면류관이 주어진다. 따라서 책을 쓰는 사람들 중 성공하는 사람은 소수일 수밖에 없다.

이 점에 대해서 주지를 하고 책을 써야 한다. 그렇지 않고 장밋빛만 보고 책을 쓰면 인생 자체가 사실상 파탄에 처할 수 있다.

결국 책을 쓰려는 사람은 좋은 내용의 책을 써야 하며, 진심을 담아야 한다. 진심으로 승부해야 하며, 설사 가난하더라도 그것을 받아들이겠다는 태도마저도 필요하다. 나 역시 글로 실패하면 산속으로 들어가 살겠다는 마음을 품고 책을 썼으며, 지금도 이 마음을 갖고 있다. 소설가 조정래 역시 그의 책 『화려한 글감옥』에 나와 있듯이 평생을 가난하게 살아도 좋다는 마음을 품고 책을 썼으며, 소설가 박완서 역시 소설이 실패하면 평생 바느질을 하며 살겠다는 마음을 품고 책을 썼다. 그런 마음이 있어야 한다. 실제로 글을 써서 실패할 수도 있지 않은가. 그런 결연한 마음을 품고 글을 써야 하며, 실패를 했다고 자살을 할 수는 없지 않는가. 그래도 살아가야 하는 것이 인생이지 않은가 말이다. 결국 삶의 실패에 대해서도 받아들여야 하고, 진지한 고민과 받아들임이 필요하다. 그렇지 않고 책에 대한 환상, 이른바 책을 쓰면 좋은 차를 산다든지, 고급 아파트를 산다든지, 억만장자가 된다든지 하는 허무맹랑한 소리만 한다면, 이것은 큰 벌을 받을 일이다. 왜냐하면 사실상 책을 써서 잘 될 수 있는 일은 마치 수도승이 수도하듯이 보내야 하는 노력과 시간이 필요한 일이기 때문이다. 즉, 이 일은 다른 여타의 일과 마찬가지로 피와 땀과 눈물이 필요한 일이다.

책을 쓰는 일은 일반의 노동과 같이 힘들며, 자유로운 생활에 대한 높은 책임이 요구된다. 나도 그동안 자유롭게 살아왔지만, 늘 힘들었으며, 그 모든 책임을 감당하며 살아왔다. 남들은 내가 제주도에서 1년간 생활을 했을 때 그냥 논 줄 알지만, 그런 것은 아니었다. 나도 그 중 몇 개월은 펜션과 게스트하우스에서 아르바이트를 했다. 청소를 하고, 빨래를 하고, 직원 관리를 하고, 손님 접대를 했다. 또, 글을 쓰면서 인세로 생활을 해야 했기 때문에 항상 긴장하는 마음을 갖고 책을 썼고, 늘 고민에 고민을 거듭했다. 연구를 할 때도 좋은 책이 나와야 했기 때문에 긴장감을 품고 연구를 하고 공부를 했다. 필연적으로 자유로운 삶은 어려운 일이다. 그래서 '자유로의 도피'라는 말도 나온 것이다. 차라리 노예가 편한 것이다. 시키는 일만 하면 밥이 나오고, 삶에 대해서 아무런 고민을 하지 않아도 삶을 굴러가니 얼마나 편한가. 그러나 자유로운 삶은 필연적으로 자기가 모든 것을 결정해야 하는 삶으로 많은 생각을 요구한다. 또한, 생활에 책임을 요구한다. 나는 새벽 2시에도 퇴계선생을 만나고 싶어서 안동 도산서원을 갔고, 다산 정약용 생가에 갔었는데, 그런 것을 이해해 줄 사람을 만나야만 결혼을 할 수 있다. 자유로운 삶은 매력이 넘치는 삶이다. 자기가 마음대로 사는 삶이니 말이다. 그러나 필연적으로 책임이 장난이 아니게 요구되는 일이다. 삶이란 누리는 대로 대가를 지불해야 한다. 작가는 저명성이 있다. 사람들이 인정을 한다. 또, 인기가 있다. 많은 책이 팔릴 경우 부자도 된다. 따라서 높은 책무가 요구된다. 그것은 바로 연구와 외로움, 그리고 치열함이다.

우리는 어떤 삶을 살아야 하는가. 그리고 인생이란 무엇이고 무엇이어야 하는가. 우리는 많은 생각을 해보아야 한다. 누구나 좋은 집, 좋은 차를 타고 싶어 하고, 부자가 되고 싶어 한다. 그러나 모두 그 대열에 들어설 수 없다. 그러나 어느 누가 가난한 자에게 돌을 던질 수 있는가. 결코 그럴 수 없다. 왜냐하면 최선을 다해서 살고도 가난하게 된 사람은 절대 비난할 수 없기 때문이다. 오히려 요행으로, 편법으로 부자가 된 사람을 비난해야 마땅하다.

책이라는 것, 사실 책쓰기라는 것이 성공을 보고 하는 것이다. 그러나 그럼에도 불구하고 우리는 우리 자신을 차분하게 돌아보아야 한다.

무엇 때문에 내가 살고 있는지, 인생의 진실은 무엇인지에 대해서 생각해보아야 한다. 우리는 돈을 위해서 살고 있지 않으며, 인생의 진실은 열심히 노력해도 실패할 수도 있는 것이다. 그리고 실패를 해도 살아가야만 하는 것이 인생이다. 모든 사람이 실패했다고 자살하지 않으며, 대다수의 사람들은 평범한 삶 속에서 열심히 살아간다. 젊은 시절에는 카페에서 커피를 매일 마시는 아름다운 숙녀도 결혼을 하고 나면 콩나물 값을 열심히 깎는 억척스러운 아줌마로 변하는 것이 인생이다. 그것이 잘못된 일인가.

열심히 살아가는 서민을 하찮은 인간으로 평가하는 세태에 대해서 나는 반대한다. 열심히 살아가는 서민은 존경받아 마땅하며, 그들이 우리 사회를 이끄는 큰 축이다. 우리 역시 서민으로 살아가고 있으며, 실패해도 살아가야 한다. 그 점도 분명히 받아들이고 전쟁에 나서야 한다. 물론, 질 것을 생각하고 나서서는 안 되지만, 죽음을 각오하고 전쟁에 나서는 것은 장군의 마땅한 자세가 아닌가 말이다. 그런 결연한 마음, 진실의 한 축을 각오하고 나서야 한다. 그것이 진실이지, 책을 쓰면 무조건 성공한다는 것은 도저히 있을 수 없는 말이기 때문이다.

우리는 여기에 대해서 받아들이고, 진짜 내공으로 승부해나가야 한다. 그렇게 긴 시간이 걸리더라도 참고 견뎌야 한다. 그래서 나의 길을, 나만의 업적을 만들어내야 한다. 우리는 그 길을 가야 하며, 이런 자세로 갈 때 책쓰기는 진짜 힘을 발휘할 수 있다. 왜냐하면 끝까지 가는 자는 반드시 자신의 내공을 증명할 기회가 주어지기 때문이다. 우리가 내용이 좋은 책을 써야 하는 것은 그것만이 우리를 지켜줄 마지막 보루가 되기 때문이다. 마키아벨리는 전쟁을 할 때 높고 험준한 성에 의지를 하지 말라고 했다. 철저히 군사력과 내부의 결속력에만 의지해야 한다고 말했다. 왜냐하면 성은 본질이 아니기에 마키아벨리는 이에 대해 『로마사 평론』에서 많은 이야기를 한다. "로마는 자유로운 생활을 영위하며 공화정을 유지하고, 그 훌륭한 국헌을 지키고 있는 동안, 도시나 영지를 지키기 위해 그 어떤 성채도 쌓지 않았다. 다만 이미 있는 성채만으로 충분하다고 생각했을 뿐이었다." "따라서 지혜롭고 선량한 군주는 언제나 그 올바른 마음을 잃지 않고 또한 자신의 자손이 덕망을 훼손시키지 못하도록 결코 성채를 쌓지 않는다. 그리하여 자손은 성채가 아니라 백성의 존경과 사랑에 의지하도록 처신하게 된다." "그는 무척 총명하여, 성채가 아니라 사람들의 의사에 의해서만 나라의 주권이 유지된다는 것을 알고 있었으므로 성채를 파괴해버렸다. 그렇게 함으로써 성채에 의지하지 않고 자신들의 용기와 예지를 믿었으며, 그리하여 나라를 되찾고 유지했던 것이다. 따라서 그때까지는 군인이 1천 명만 있으면 쉽게 제노바를 제압할 수 있었지만, 그때부터는 1만 명의 군병으로 공격해도 끄덕도 하지 않게 되었다. …… 성이 없어도 정예병이 있으면 충분히 여러분을 지켜주지만, 성만 있고 정예병이 없으면 아무런 힘이 되지 않기 때문이다." "군주는 훌륭한 군대를 만들 수 있으면 성채를 쌓지 않아도 무슨 일이든 할 수 있다. 누구든 훌륭한 군대를 가지지 않은 자는 성채를 쌓아서는 안 된다. 군주가 해야 할 일은 그가 살고 있는 도시를 충분히 강화하고, 면밀하게 고려하여 다스리면서, 그 시민들이 용맹한 적을 오랫동안 저지하며 외국의 맹우가 조정하거나 가세할 때까지 버틸 수 있도록 조치하는 것이다. 그밖에 모든 다른 계획들은 어떤 것이든 평화로울 때는 비용이 들고, 전쟁 때는 무익하지 않은 것이 없다."

그렇다. 책도 인기는 본질이 아니다. 본질은 좋은 내용이다. 좋은 내용의 책은 지금 당장은 아니더라도 언젠가는 반드시 빛이 난다. 이것만이 출판계의 전쟁에서 이길 수 있는 유일한 비책이다. 인생은 생각보다 길다. 긴 승부를 보고 가야 한다. 지금 당장 조급함에 빠져 실망하지 말고, 좋은 내용의 책을 쓸 수 있도록 피와 땀과 눈물을 흠뻑 흘려야 한다. 이 양만큼 깊은 내공이 나온다. 우리는 이 길을 감으로써 우리의 길을 장대하게 만들 수 있다. 우리는 좋은 책으로 위대한 승부를 해나가야 한다.

# 책은 한 국가의 정신 구조를 결정지으므로
# 막중한 책임감이 필요하다

책을 썼다면 작가이고, 작가라면 우리 사회의 공인이다. 공인에게는 높은 수준의 책임이 요구된다. 나는 고등학교 시절 총학생회장을 했는데, 그때 과학 선생님이 하신 말씀이 기억에 남는다. "총학생회장, 총학생회 부회장, 총학생회 위원, 반장, 부반장은 학교의 공인이다. 학교의 공인이기 때문에 몸가짐, 태도를 바르게 가져야 한다." 이 말은 내 기억에 지금도 남아 있다. 공인이라는 것은 늘 집단과 사회의 본보기가 되어야 한다. 모범이 되어야 하고, 바르게 살아야 한다. 타인의 모범이 되어야 하고, 수많은 사람들의 거울이 되기 때문이다.

작가는 사회의 공인이다. 책을 출간하게 되면 네이버 인물검색 정보에도 잡힌다. 쉽게 말해서 네이버에서 "이상민 작가"라고 검색하면 신상 정보가 뜬다. 이렇게 신상 정보가 잡히는 사람은 한국 사회 전체에 1% 정도에 불과하다. 즉, 사회의 공인이라는 말이다.

책은 무거운 것이다. 책이 불과 3,000부밖에 팔리지 않았더라도 3,000명이나 되는 사람들이 책을 읽었다는 말이 된다. 내 생각을 알고, 내 우군이 되어줄 사람이 3,000명이나 되면, 이것은 매우 무서운 것이다. 3,000명의 직원이 있는 기업을 생각해보라. 엄청나지 않은가. 만약 내 책을 3만 명이 읽었다면 이것은 더더욱 엄청난 것이다. 3만 명의 우군이라니! 3만 명이면 국가를 흔들 거병도 가능한 숫자이다. 그야말로 사회에 미치는 영향력이 엄청난 것이다. 또, 경제적 가치로 환산해서 생각해보면, 놀라게 된다. 예를 들어 내 책이 2,000부가 팔렸다고 한다면, 도서관에서 내 책을 읽은 사람까지 포함하면 적어도 3,500명 이상이 내 책을 읽은 것이 된다. 그리고 내가 어떤 프로그램을 판매하고 있다면, 내 책을 읽고 찾아오는 사람이 책을 읽은 사람의 10%만 해도 350명이 된다. 그리고 100만원의 가치의 상품을 판매한다면 3억 5천만 원을 벌 수 있게 된다. 실제로 책을 쓰고 나면 다양한 단체를 비롯해 독자들에게서도 연락이 자주 오게 된다. 나 역시 거의 매일 독자들로부터 편지를 받고 있고, 사회유력인사들로부터도 연락을 받고 있다. 이유는? 책은 무거운 것이기 때문이다.

책을 쓰고 나면 사람들이 나를 바라보는 눈이 다르다. 동네 사람들도 다르게 바라본다. 선생님으로 부르기 시작하고, 조금 어렵게 대하는 것을 느끼게 된다. 내 일거수일투족을 관찰한다는 느낌도 받는다.

물론, 이것은 나만의 착각일 수도 있지만, 분명 생각은 할 것이다. 또, 200명~300명 규모의 사람들 앞에서 강연할 기회도 주어지고, 대기업 및 정부에도 강연을 하러 갈 기회가 생긴다. 때로는 장차관, 장군, 대기업 사장 등과도 만날 기회가 주어진다. 사람들이 나를 찾아오기도 한다. 나의 경우에도 대구에 있었음에도 불구하고 중국에서 대구까지 만나러 온 독자도 있고, 서울에서 내려온 독자도 많았다. 선물을 보내주기도 했고, 손편지를 주기도 했으며, 상담 메일을 받기도 했다. 며칠 전에는 박춘희 송파구청장님에게서 크리스마스를 잘 보내라는 웹발신 문자를 받았고, 어제는 제3공수여단장인 김홍만 장군님이 나에게 카톡으로 안부를 전하면서 동시에 부대에 와서 독서코칭을 해달라는 메시지를 받았다. 실제로 책을 쓰는 순간 그만큼 영향력이 확대된다.

그러니, 얼마나 높은 수준의 책임감이 필요하겠는가. 책은 돈을 벌기 위한 도구만이 되어선 매우 곤란하다. 개인의 사욕을 채우는 수준에서 머무른다면 절대 안 된다. 정직함과 양심의 마지막 보루가 책이다. 책이 망가진다는 것은 사회의 정신 기반 자체가 무너진다는 것을 말한다. 따라서 무거운 마음으로 책을 써야 한다. 그런 마음이 없이 책을 쓰는 것은 악한 일이 된다. 순수함과 양심, 이것은 글을 쓰는 데 반드시 필요한 자세임을 큰 소리로 외치고 싶다.

# 책, 기획이 출간의
# 80%를 결정짓는다

일반인이 책을 출간하지 못하는 가장 큰 이유 중 하나는 제목과 목차라고 생각한다. 즉, 책의 콘셉트가 팔릴 만하지 않거나, 그 콘셉트를 좋은 제목과 목차로 도출하지 못했기 때문이다.

결국 책이란 내가 쓰는 것이지만, 읽을 사람을 위해서 쓰는 것이다. 그러니까, 철저하게 상대 지향적인 글쓰기를 해야만 책을 출간할 수 있다. 이것은 제목과 목차로 표출되는 콘셉트가 매우 중요하다. 제목과 목차에서 누가 읽을 것인지, 어떤 내용인지가 확실하게 전달되어야 한다. 그리고 이 책을 읽을 만한 독자가 실제로 있는지를 확인하는 일도 매우 중요하다. 실제로 독자가 있는지 없는지는 현재 출간된 책을 검토해보면 알 수 있으며, 그 검토는 키워드 중심으로 검색하되 판매량을 체크함으로써 최종 확인을 할 수 있다. 또한, 현재 책은 출간되지 않았지만 신문지상에서 뜨겁게 나오고 있는 것이나, 방송 노출이 있는 것, 유명한 인물, 유행 및 트렌드 등도 현재 책으로 출간될 가능성 및 베스트셀러가 될 가능성이 있다. 현재 책으로 나오지는 않았지만 현재 독자들의 니즈가 폭발할 조건이 갖추어졌다고 보아야 하기 때문이다. 또, 스스로가 우리 시대가 원하는 책을 볼 수 있는 눈이 필요하다. 그것은 현재 출판시장의 데이터를 통해서도 확인할 수 있고, 나아가 본인의 인문학적 감수성을 활용하는 것도 좋다. 또, 이러한 눈을 갖추기 위해서는 평소에 책을 많이 읽는 것도 좋고, 사람들과의 많은 관계를 통해서 '사람의 필요와 수요'에 대해 섬세하게 느낄 수 있어야 한다.

출판기획은 연도별로 종합 베스트셀러가 된 20권 정도를 꼼꼼하게 분석해보면 답이 나온다. 왜 베스트셀러가 되었는지, 그렇다면 나는 어떻게 베스트셀러를 낼 수 있을지 역으로 물어보면서 답을 찾아가면 좋은 공부가 된다. 그러나 결국 답은 내 안에서 찾아야 한다. 베스트셀러는 시대상의 반영이고, 판매의 근거가 있는 책이라는 뜻이다. 결국 내가 베스트셀러를 내려면 나에 대한 질문을 많이 던져야 한다. 베스트셀러는 결국 인간의 마음속에서 나오며, 모든 인간이 공통적으로 느낄 수 있는 것이 내 마음 안에도 있다. 인간적으로 보편적으로 같으며, 개별적으로 다른 부분은 극히 일부에 불과하다. 즉, 인간의 보편성에 초점을 맞추고 생각을 해보아야 하며, 이것은 나에 대한 생각을 깊이 파고들면 된다. 나를 깊이 파고들면, 모든 인간을 충족할 보편성이 나온다. 그리고 이러한 나에 대한 이해를 바탕으로 주위 사람들과 이야기를 나누어

보면서 확인을 해보면 좋다. 그렇게 출판기획을 하면 된다.

　현재의 출판 트렌드를 존중하는 것은 필요한 일이지만, 가장 중요한 것은 나를 깊이 파고 들어가는 일이다. 내 안에서 구해야 한다. 절대로 멀리서 찾으면 안 된다. 그러면 망한다. 멀리서 찾는다는 말은, 내 것이 아니라 남의 것을 탐한다는 말이다. 현재 남의 것이 잘나가고 있으니 그것을 좇는다는 말이다. 이래선 인생을 망친다. 남의 것을 제대로 구사하려면 최소한 3년의 시간이 필요하다고 보아야 한다. 왜냐하면 어떤 분야든 전문가가 되려면 최소 3년이 필요하기 때문이다. 즉, 남이 그것으로 잘나가기까지는 최소 3년이라는 시간을 피터지게 갈고닦은 것인데, 내가 지금 그것을 따라 하면 피터지게 한다는 조건하에서 3년이라는 시간이 걸린다. 어영부영하면 당연히 10년을 해도 아마추어에 머물게 된다. 그러니, 그것으로 목숨을 걸 각오가 아니라면 절대로 남의 것을 건드리면 안 된다. 그것으로 사생결단이 되었다면 남의 것을 내 것으로 훔쳐와도 되지만 그렇지 않고는 절대로 보지 말기를 강권하고 싶다. 그래야 나의 것을 건져 올릴 수 있고, 나의 장점을 극대화할 수 있다. 누구나 한 개 이상 잘하는 것이 있으며, 한 개 이상의 장점이 있다. 그것을 찾아야 한다. 나에게 질문을 던지고 답해야 한다. 그리고 앞으로 내가 나아갈 방향에 맞추어 책의 기획을 고민해보아야 한다. 결국 어떤 방향으로 나아가고 싶은지, 어떤 강사가 되고 싶은지, 어떤 1인 기업으로 나가고 싶은지 등 목표가 분명해야 한다.

　나의 기업을 홍보하기 위한 책이라면 그래야 하고, 나의 브랜드를 만들기 위함이라면 무엇을 브랜드로 만들지 충분히 고민해보아야 한다. 책이란 한번 인쇄되면 돌이킬 수 없는 것으로 세상에 확실히 각인이 된다. 또, 나쁜 측면에서 보면 낙인이 된다. 책은 한번 잘못 쓰면 평생의 족쇄처럼 따라다니며, 한번 잘 쓰면 평생의 후광으로 빛나는 업적으로 남게 된다. 내가 내용이 좋은 책을 써야 한다고 입이 닳도록 말하는 이유는 그래야만 평생의 자산으로 남을 책을 쓸 수 있기 때문이다. 아니, 내가 죽고 나도 나를 대신하여 존재하는 나의 분신으로 그 역할을 충실히 하는 책이 될 수 있기 때문이다. 비록 책으로 성공하고 싶은 마음을 품고 책을 쓴다고 하더라도, 퍼스널 브랜딩을 하는 책을 쓴다고 하더라도 반드시 좋은 내용의 책으로 승부해야 한다. 왜냐하면 그래야만 시간이 지나도 책이 나의 존재를 계속 빛나게 해주기 때문이다. 내용이 좋지 않은 책을 쓰면 두고두고 내게 짐덩어리가 되며, 이런 책은 차라리 안 쓴 것이 100배 더 낫게 된다. 그 점 때문에 좋은 내용의 책을 쓰라고 한 것이다. 실제로 캠브리지대 장하준 교수도 좋은 내용의 책을 계속 집필을 했기 때문에 10년이 걸려서 베스트셀러 작가로 올라올 수 있었다. 즉, 좋은 내용의 책들이 디딤돌이 되어 계속 발을 딛고 조금씩 작가로서 성장할 수 있었던 것이다. 만약 그가 게으름을 피우고 열심히 책을 쓰지 않았더라면 베스트셀러 저자로 올라오기 쉽지 않았을 것이고, 판매가 많이 되었더라도 저명성은 확보하지 못했을 것이다. 우리는 인기도 얻어야 하지만 그 너머에 있는 저명성을 얻어야 한다. 즉, 한국의 저명한 인물로 나아가야 한다. 큰 인물이 되어 한국 전체의 어른이 되어야 한다. 책은 그 역할을 하고 남는다. 한 사람의 철학과 내공이 모두 담겨서 수많은 사람들의 마음을 움직이기 때문이다. 책의 힘은 강하다.

표절에 대해서도 잠시 언급하고자 하는데 표절을 하면 작가에게 치명적이며, 이것은 평생의 오점으로 남게 된다. 표절이란 남의 글을 그대로 옮겨 쓰는 것을 말한다. 논문에서는 4개 이상의 문장이 연속으로 겹치면 표절로 본다. 일반적인 책에서도 그 기준은 엄격하다고 보아야 하며, 최소한 문장이 일치한다면 표절로 볼 여지가 충분하다. 또, 그 양이 많다면 확정적이라고 할 수 있다. 인용의 경우에도 한 책에서 너무 많이 가져오거나, 다수의 책에서 가져오더라도 인용한 양이 많다면 법적으로 문제가 된다. 왜냐하면 인용한 부분을 덜어냈을 때 책으로서 기능할 수 없다면 법적으로 안 되기 때문이다. 그렇기 때문에 이 부분은 주의를 해야 한다.

그러나 출판 경험이 전무한 일반인의 경우, 출판기획이 익숙하지 않을 것이다. 확실히 전문가의 도움을 받으면 좋다. 출판기획을 따로 해주는 사람도 있고, 책쓰기 수강을 할 경우 출판기획에 대한 도움을 확실히 받을 수 있다. 그렇지 않고 본인이 하려고 한다면, 연간 종합 베스트셀러 20권을 선정해서 분석하고, 최소한 20년 치 정도는 분석을 하라고 권하고 싶다. 왜 베스트셀러가 되었는지, 그 당시의 정치 상황은 어떠했는지, 인간의 어떤 욕망을 건드렸는지, 저자의 프로필이 베스트셀러가 되는 데 어떤 영향을 주었는지, 당시의 한국의 문화코드가 무엇이었는지를 질문하면서 분석해보기를 권한다. 그렇게 하면서 스스로가 베스트셀러의 도출 이유를 알 수 있어야 한다. 그래야만 기획을 하는 데 확실한 프레임으로 활용할 수 있다. 그리고 내가 해본 방법 중 한 가지만 공개하고자 한다. 나는 한국에 출간된 모든 기획에 대한 책을 읽었다. 100권이 넘는다. 그렇게 기획에 대한 책을 읽었다. 그렇게 하면서 기획에 대한 감을 정확히 잡고 기획을 하였다. 여러분도 혼자서 기획을 하고자 한다면, 최소한 기획에 대한 책 100권 정도는 읽는 것이 출판에 대한 예의라고 생각한다. 물론, 이렇게 100권을 읽으려면 매일 1권을 읽는다는 전제 하에 100일이 걸리고, 읽는 것을 정리를 하는 데 1일을 잡아야 하므로 200일이고, 이것을 적용하는 데 1일이 더 걸리므로 300일을 잡아야 한다. 이것은 출판에 있어 기초적인 일이다. 그래서 대체로 혼자서 책을 쓰는 작가의 경우에는 보통 하루 10시간씩 꼬박 바친다는 전제 하에 3년 정도가 걸리는 것이 보통이다. 물론, 나와 같은 책쓰기 전문가의 도움을 받으면 시간을 10배를 아낄 수 있다. 책쓰기 수강료는 사실상 10년 동안 전업 작가를 했던 시간과 노하우에 대한 대가이자, 함께 하면서 10배의 시간을 아낄 수 있는 대가라고 보면 된다. 왜냐하면 사실상 혼자서 하면 빠질 수 있는 함정이 거의 100여 개에 이르는데, 여기서 단 1개만 빠져도 1년이 지나가는 것은 매우 우스운 일이기 때문이다. 직접 해보면 장난이 아니라는 걸 느끼게 될 것이다.

출판사에 투고되는 원고 100~200개 중 책으로 출간되는 것은 일반적으로 1~2개 정도라고 한다. 내가 생각할 때는 책을 쓰는 거의 모든 사람들은 스펙이나 능력치가 월등히 높은 사람이다. 그렇지 않다면, 의지가 굉장히 강한 사람들이다. 그런데도 책을 못 내는 이유는 무엇일까? 그것은 바로 출판에 대한 경험부족에서 오는 종합적 실수 때문이며, 무엇보다도 출판기획에 대한 문제가 많기 때문이다. 일반적으로는 기획만 좋으면 책으로 출간하는 데 큰 문제가 없다. 물론, 원고의 질적 문제가 클 경우 책으로 출간을 하지 못할 수도 있다. 왜냐하면 형편없는 원고를 낼 수는 없기 때문이다.

그러나 판매에 결정적인 영향을 미치고, 출간에 결정적인 영향을 미치는 부분은 출판기획이라는 점을 명심해야 한다. 이른바 책의 제목과 목차로 표현되는 출판기획만 좋으면 출판사에서도 강한 마케팅을 해준다. 즉, 신문 광고 등 1억 원대의 비용을 광고비로 지출할 수도 있다는 말이다. 물론, 광고비 1억 원은 근래의 출판계에서 드문 일이다. 특히 신인에게는 더더욱 그러하다. 그러나 출판기획이 좋고, 판매에 확신이 있다면 근래에도 완전히 불가능한 일은 아니다. 가능성이 충분한 일이다.

실제로 책의 목차는 책 출간의 80%를 차지한다고 해도 과언이 아니다. 일반인들이 책을 출간하지 못하는 이유 중 상당부분은 목차 때문이라고 해도 과언이 아니며, 책을 한 번도 출간하지 않은 보통 사람이 이 관문을 통과하기란 거의 불가능에 가깝다. 실제로 원고를 투고한 사람이 100명이 있으면 단 1명만 출간에 성공하는 데 그 이유와 궤를 같이 하는 부분이기도 하다. 일반인은 출판기획에 대한 감이 없고, 원고도 자기 마음대로 쓴다. 즉, 자기 기준에서 보면 최고인 원고를 쓰고, 타인의 기준에서 보면 형편없는 원고를 쓴다. 그렇기 때문에 출간도, 판매도 전혀 안 되는 것이다. 결국 목차로 표현되는 기획은 출간의 80%를 결정하고, 그를 바탕으로 원고의 퀄리티를 결정짓는 것은 자료이다. 자료가 책 퀄리티의 90% 이상을 결정한다. 적어도 80% 이상이라고 확언할 수 있다. 여기에서는 기획에 대한 부분만 말을 하고 있으니, 기획이 그만큼 중요하다는 말을 다시 한 번 하고자 한다. 이 기획을 할 때에는 본인에게서 찾아야 하며, 그것을 통해서 현재의 시대와 독자들의 니즈를 결합시켜야 한다. 만약에 본인에게서 잘 하는 것이 없고, 책을 출간할 의지만 있다면, 자신의 모든 것을 내려놓고 우선은 한국을 찬찬히 살펴보아야 한다. 그런 후에 한국이라는 국가의 상황에서 기획이 들어가야 한다. 그 속에서 제목과 목차를 잡아내야 한다. 이 작업은 특별히 잘 하는 장기가 없는 사람에게는 반드시 필요한 부분이며, 이렇게만 해도 책으로써 출간과 책 출간 이후에 강연까지 거의 80% 이상 보장된다고 말할 수 있다. 결국 기획이라는 이 고민을 많이 해야 한다. 이 고민은 과거에 출판된 책에서도 찾을 수 있고, 확인할 수 있다. 결국 많은 고민과 확인 작업이 필요하며, 이것은 결국 사람의 마음에서 찾아야 한다는 점을 명심해야 한다. 섬세한 감수성으로 인간의 마음을 읽어야 하며, 이것은 내 마음을 깊이 들여다보는 일로써도 가능하다.

또한 과거의 역대 베스트셀러를 분석해봄으로써도 가능한데, 이것을 분석할 때는 베스트셀러가 된 인간 마음의 본질을 읽도록 해야 한다. 결국 그것을 구입했다는 것은 마음이 움직였기 때문이다. 소비는 마음이고 감정이며, 이 토대에서 왜 베스트셀러가 되었을까를 마음에서 찾아야 한다. 그 생각을 하면서 분석을 해야 하고, 그럴 때 베스트셀러와 인간의 욕망을 통찰하게 된다. 그럴 때 나의 기획도 보다 분명해진다. 물론, 베스트셀러 중에는 사재기로 베스트셀러가 되는 경우도 있으므로 역대 베스트셀러라고 하더라도 왜 판매가 많이 되었는지 이해가 되지 않는 경우도 있을 수 있다고 보아야 한다. 실제로 한국의 베스트셀러는 사재기로 이루어지는 경우가 있으며, 현재도 이 문제는 개선되지 않고 있다. 너무나도 교묘한 방법들이 많아, 사재기 행위를 잡아내기조차 불가능한 경우들이 있으니 이 점을 참고하고 역대 베스트셀러를 분석해야 한다. '사재기'에 대한 이야기는 출판밥을 20년 이상 드신 출판사 사장님들을 통해서 들으면 재미있는 이야기가 많다는 것을 참고로 말해둔다. 자, 또 이야기를 이어가자. 베스트셀러를 분석할 때는 언제나 글을 쓰면서 하도록 한다. 생각을 하더라도 결국에는 글로 정리를 해보아야 한다. 나 역시도 베스트셀러 분석만으로 책 2~3권 분량으로 정리해놓았으며, 이것은 내게 지금도 힘을 주고 있다.

정리하면, 책은 기획이 매우 중요하며, 이 기획은 인간의 마음에서 나온다는 것이다. 그리고 내가 책을 쓰려면 나에게서 답을 구해야 한다는 것이다. 그리고 이 확인 작업으로 종합 베스트셀러 분석을 활용하면 좋다는 것이다. 그리고 이 분석은 인간의 마음을 토대로 해야 한다는 것이다. 인간의 마음에서 구입을 하는 움직임이 나타나기 때문이다. 그리고 이 인간의 마음을 들여다보는 일은 나의 마음을 깊이 들여다보는 것과 같음을 알아야 한다.

# 마케팅, 결국
# 판매가 관건이다

"생각보다 마케팅의 힘은 강하다." 이것이 오랫동안 출판계를 지켜본 나의 결론이다. 출판계에서 마케팅은 책의 생명을 좌지우지할 정도의 힘을 발휘한다. 좋은 책을 쓰고도 마케팅이 안 되면 금방 책이 죽어버리며, 마케팅이 좋으면 책은 많은 판매가 이루어진다. 마케팅은 여러 채널이 있으며 결국 다양한 수단을 통해서 그 책의 이미지를 좋게 만들거나, 그럴듯한 이미지를 만들어냄으로써 힘을 발휘하게 한다.

김어준의 『닥치고 정치』는 팟캐스트의 힘을 보여주었고, 그 힘을 이어받은 채사장의 『지대넓얕』도 현재까지 출판계에서 큰 힘을 발휘하고 있다. 드라마에서 책을 비추었더니 수십만 부가 팔리는 기현상도 여전하며, 영화에 그 책이 조명되면 다시 많이 팔리는 일도 일어나고 있다. 한강의 『채식주의자』도 맨부커상을 받은 이후 종합 베스트셀러 1위에 오르는 일이 나타났다. 또, 안철수가 쓰면 자신의 생각만으로도 베스트셀러가 되는 현상을 보여주었다. 지난 대선을 앞두고 『안철수의 생각』이 베스트셀러 1위가 된 것이다. 그리고 현재 대통령의 탄핵이 되자 다시 『대통령의 글쓰기』라는 책이 베스트셀러가 되었고, 이 책의 저자인 강원국씨도 《어쩌다 어른》이라는 TV에 출현하였다. 페이스북에서 쓴 글이 주목받게 되자, 『서울시』라는 책으로 출간해 주목을 받은 시인이 있는가 하면, 자신의 팬들이 굉장히 많은 창가학회의 이케다 다이사쿠의 책은 그냥 베스트셀러에 오르기도 했다. 책이 베스트셀러가 되려면 그 책이 베스트셀러가 될 기반이 필요한데 가장 중요한 것은 내용이다. 그리고 마케팅적으로 많이 판매가 될 수 있는 조건이 갖추어져 있다면 책이 많이 판매가 된다. 책이 영화화되면 많은 판매가 되기도 한다. 또, 저자가 유명인사이면 당연히 팬층이 있기 때문에 많이 팔린다. 이런저런 이슈들을 만들어낸 사람도 역시 주목을 받을 수밖에 없다. 또, 자신의 분야에서 이미 일가를 크게 이룬 사람이면 당연히 주목을 받는다.

그렇다. 대중들은 그 책의 존재를 모른다. 책이 나온 지 불과 일주일, 길어도 한 달 내에 책이 서점의 매대에서 완전히 사라지는 것이 대부분의 책의 현실이다. 판매가 이루어지지 않을 경우 눈에 잘 띄는 평대 위에서 바로 치워버리는 것이 서점이기 때문이다. 왜냐하면 신간이 쏟아지는 상황에서 서점도 임대료, 인건비, 전기세, 세금 등 운영적인 현실이 따르기 때문에 판매가 많이 되는 책 중심으로 책을 진열할 수밖에 없기 때문이다.

사람들은 책이 출간된 사실조차 모르며, 이것을 다양한 수단으로 알리지 않는다면 책은 나오자마자 사라지고 만다. 즉, 전혀 팔리지 않게 된다는 말이다. 현재 초판 2,000부~3,000부 기준으로 초판도 팔리지 않는 책은 90%가 넘는다. 즉, 대부분의 책이 팔리지 않고 있다는 말이다. 그러나 마케팅이 되는 책은 많이 팔린다. 방송에 알려진 책은 말할 것도 없고, 적어도 인터넷에서 강하게 어필되는 책들도 어느 정도는 팔린다. 요즘 1년 동안 1만 부가 팔리면 상당한 선전을 한 책으로 보아야 한다. 그런 책들은 파워블로그나 페이스북 활동이 활발하면 많은 힘을 발휘한다. 그러나 그렇지 않은 책들은 내용이 좋은 경우를 제외하고 거의 팔리지 않는다. 사실상, 마케팅이 되지 않는 책들은 거의 팔리지 않는 실정에 가깝다.

그렇기 때문에 저자 스스로 다양한 수단을 강구해야 한다. 그러나 현실적으로 우리가 책을 쓰기 전에 방송에 출현하기는 어려우며, 그렇기 때문에 좋은 내용의 책을 일차적으로 써야 한다. 그 다음, 인터넷을 키워나가야 한다. 그리고 좋은 내용의 책을 통해서 방송에 출현할 수 있도록 방송국에 의뢰를 해보아야 한다. 그리고 강연의 경우에도 무료라도 많이 나가야 한다. 그래서 책과 나 자신을 알려야 한다. 강의를 가면 많은 수의 사람들이 책을 구입하며, 그중에서 내 팬도 나온다. 그렇기 때문에 많이 돌아다녀야 한다. 직접 영업을 하면서 강의를 하러 다녀야 한다. 그래야 하는 시대이다. 아니, 예전부터 그래야만 했다. 『영혼을 위한 닭고기 스프』의 저자들도 사실상 그들의 강연 영업으로 많은 책을 판매했다. 아마도 그들이 가만히 있었다면 책은 전혀 판매가 되지 않았을 것이다. 그들은 직접 영업이라는 방법을 통해 책을 판매했다. 이렇게 말하면 좀 심한 비유가 될 수 있지만, 책을 자신의 트럭에 싣고 다니면서 팔아야 하는 상품으로 생각해야 한다. 그 방법을 다양하게 고안해서 밀어붙여서 책을 많이 파는 것, 그것은 반드시 필요한 일이고 옳은 일이다. 즉, 작가는 공부를 하는 학자여야 하고, 동시에 인문학적 감수성이 있는 예술가여야 하고, 나아가 엄청난 판매고를 올리는 비즈니스맨이어야 한다. 이 3박자가 고루 갖추어져 있지 않으면 단언하건대 작가로의 성공은 어렵다고 보아야 한다. 이 3박자가 함께 있어야만 한다. 2개만 있어도 안 된다. 3개가 있어야만 한다. 그래서 작가는 공부를 위한 냉철한 머리와 비즈니스를 위한 뜨거운 가슴이 공존해야 한다. 지금부터 책을 쓰고자 하는 작가지망생들은 이 말을 거의 진리처럼 받아들여야 한다. 나 역시 전업작가 생활 10년을 돌아보니 이 말이 진리라는 걸 다시금 느끼고 있기 때문이다. 또한, 홍익대학교 미술대학에서 박사학위를 받은 기라성 같은 전업화가 선생님들과 이야기를 해보고 나서 다시금 이 3박자가 맞아야 한다는 걸 느끼기 때문이다. 나는 개인적으로 인사동 갤러리에서 전업으로 그림을 전시하는 홍익대 미대 박사 분들을 여럿 알고 있는데, 그 선생님들과 깊은 이야기를 하면서, 이 3박자가 골고루 갖추는 것이 굉장히 중요하다는 걸 뼈저

리게 느꼈다. 작가의 필수요건인 것이다.

따라서 책을 출간하고 나서는 방송국, 대기업, 문화센터, 도서관 등에 메일을 보내야 한다. 또, 직접 연락도 하고, 찾아도 가야 한다. 그래서 이야기를 해야 하고, 설득을 해야 한다. 그래서 방송에 출현해야 한다. 또, 신문사에서 인터뷰를 해야 한다. 조선일보나 한겨레신문에서 인터뷰를 한다면 매우 좋다. 그 외의 신문이라도 당연히 좋다. 또, 각종 강연을 부지런히 다녀야 한다. 요즘에 책은 출판사에서 파는 경우보다는 저자 스스로가 팔아야만 하는 경향이 강해졌으며, 그렇기 때문에 스스로가 판매에 대해서 노력을 다각도로 해야 한다. 즉 작가는 반드시 학자인 동시에 비즈니스맨이어야 한다. 그래야 하는가라고 묻는다면 반드시 그래야만 한다고 말하고 싶다. 그렇지 않으면 하지 말라고 말하고 싶다. 성공한 작가들은, 성공한 예술가들은 보통의 장사꾼이 아님을 명심해야 한다. 성공한 작가들이나 예술가들은 모두들 부촌에서 아주 럭셔리한 삶을 살고 있다. 이 속에는 고도의 전략과 두뇌가 있었음을 명심해야 한다. 여러분들도 이러한 길을 가야하고, 충분히 성공할 수 있다.

또, 이야기를 하고자 한다. 한편으로는 인맥을 활용하여 방송에 출현하거나, 다양한 채널을 가동하는 것도 적극적으로 고려해보아야 한다. 다행히 가만히 있는데 공신력 있는 단체와 인물이 인정을 한다면 금상첨화이다. 이 루트가 가장 좋다. 실력만으로 모든 것이 돌아간다는 것이기 때문이다. 나의 경우에는 홍성국 미래에셋대우증권 사장님의 추천사를 빼고는 모두 나와 일면식도 없는데 추천을 했다. 이런 경우가 금상첨화이다. 그러나 이런 경우는 잘 없을 수 있다. 나는 가만히 있어도 책의 내용만으로 모두가 인정을 해주었지만, 여러분들은 가만히 있지 말기를 권하고 싶다. 나도 지금에서야 깨닫는다. 가만히 있으면 안 된다는 것을! 올해 나는 한겨레신문과 전면 인터뷰를 한 적이 있었다. 그 전에는 방송국에서 먼저 연락이 와서 인터뷰도 하고 그랬다. 그러나 이번에는 내가 먼저 한겨레신문에 연락을 했다. 그리고 전면 인터뷰를 했다. 그러니 기회가 확장되었다. 그리고 깨달았다. 가만히 있으면 안 된다는 걸! 무조건 활발히 움직여야 한다. 가능하다면 미국, 유럽, 일본, 중국으로도 가서 자신의 책을 팔라고 말하고 싶다. 나아가 가능하다면 우주에까지 가서 자신의 책을 팔라고 말하고 싶다. 그 정도로 해야만 되는 세상이 되었기 때문이다. 세계, 글로벌 리더 등 크게 생각해야 한다. 그리고 할 수 있다.

그러나 마케팅 역시 실력이 전제되어야 가능하므로 좋은 책을 출간해야 한다. 그렇지 않고 마케팅 활동만 한다면 주객이 전도된 것이다. 그리고 마케팅 활동을 하면 아무래도 에너지가 분산되기 때문에 많은 주의가 필요하다. 즉, 적절해야 한다는 것이다. 결국 내공 중심으로 승부를 해나가야 하기 때문이다. 아무리 마케팅이 되더라도 실력이 없다면 그것은 결국 부메랑으로 돌아온다. 실력을 쌓고 공부를 하는 일을 게을리한다면 저자로서 미래가 없다. 그래서 90년대 초반 인문학의 트로이카(동양철학 1인자 도올 김용옥, 역사 1인자 이덕일, 동양강호학 1인자 조용헌)로 불린 저자 중 한명인『방외지사』의 저자 조용헌 선생도 강연을 될 수 있으면 하지 않은 것으로 알려져 있다. 실제로 강연을 하면 에너지 분산이 심하고, TV 등에 출현하면 본인의 평소 페이스가 달라지는 경향이 있다. 실제로 내공이 있어야만 승부를 할 수 있는데 밖으로만 돌면 연구의 내공이 바닥을 칠 수가 있다. 이 점은 한국을 대표하는 전업 작가들이라면 모두가 공감할 내용이라 생각된다.

그리고 페이스북, 블로그 등을 키워나가야 한다. 이것을 키우는 일은 그렇게 쉬운 일은 아니지만, 반드시 해내야만 할 일이다. 그러나 쉬운 일이 아니므로 처음부터 욕심을 부리지 말고, 짧아도 1년, 길면 3년 정도의 시간을 두고 차근차근 만들어나가야 한다. 그렇게 해서 장기적인 승부를 준비해나가야 한다. 물론, 다시 한 번 말하지만 책의 내용이 훌륭해야 한다. 책의 내용이 좋지 않고 마케팅만 하면 영업사원밖에 안 된다. 책의 권위, 저자로서의 권위를 지키면서 나가야 한다. 그러기 위해선 책으로써 공신력 내지 존경심을 확보해야 한다.

다만, 요즘 마케팅의 중요성이 커지고 있는 만큼 노력은 반드시 해야 한다. 시간을 1년~3년 정도 잡고 만들어나가도록 해야 하며, 이것이 단번에 커질 수도 있다는 사실을 알고 나가야 한다. 즉, 실력이 전제될 경우, 단번에 모든 것이 해결될 수도 있기 때문이다. 즉, 실력이 될 경우 방송국에서 역으로 출연 제안이 올 수도 있고, 장기간 관계를 맺기를 원할 수도 있기 때문이다. 나의 경우에도 책쓰기 강의를 하겠다고 공지를 띄우고 단 2회만 무료 강의를 했는데, CTS 방송국에서 찾아와서 책쓰기 강의 제휴를 맺자고 하였다. 이것은 실력이 전제될 때 방송국에서 직접 찾아온다는 것을 말하는 예라고 할 수 있다. CTS 방송국 측에서는 장기간 갈 수 있는 관계를 원했으며, 나 역시 좋은 일이다. 이렇게 1회 출연이 아니고 장기간 관계가 지속되어 계속 방송에 노출되면 마케팅 파급력은 매우 크다. 이것은 실력이 있으면 단번에 많은 것들이 해결되는 예이며, 이 예에 여러분도 충분히 해당될 수 있을 것이다. 페이스북의 경우에도 내가 시작한지 얼마 되지 않았지만 좋아요가 200개, 300개, 400개씩 나오고 있는데, 이것은 10년 구력이 뒷받침되기 때문에 수많은 사람들이 공감을 하기 때문이다. 나는 내 삶을 보면서 노력과 시간이 모든 것을 해결해준다는 진리를 몸소 실감하고 있다. 10년 전 나는 잡초에 불과했으나, 지금은 수많은 사람들에게 그늘을 주고 있는 큰 나무가 되었기 때문이다.

평범한 내가 해냈다. 그러니 여러분도 초조해하지 말고, 실력을 쌓아나가야 한다. 다만, 마케팅에 대한 생각은 하고 있어야 한다. 나는 대구에서 오랜 시간 동안 내공을 닦아왔다. 그 어떤 곳에도 눈을 팔지 않고 무려 8년 간 내공을 쌓아왔다. 그런 후, 9년 차에 서울에서 본격적으로 활동을 했고, 그것은 엄청난 결과로 나타났다. 책쓰기 강의를 시작한지 첫회에 무려 100명이 넘는 사람들이 강의에 참석했다. 두 번째 강의를 할 때 CTS 방송국에서 함께 하자고 제안이 들어왔다. 세 번째 강의에서부터 수강생 등록이 시작되었고, 초고속으로 엄청난 성장을 했다. 그리고 수많은 도서가 우수한 도서로 선정되었고, 작년 말에는 세종도서에도 선정되었다. 즉, 실력을 바탕으로 한 마케팅의 힘이 얼마나 강한지 내 삶이 여실히 보여주고 있다. 실력과 마케팅, 이것은 함께 해야한다. 여러분도 이 길을 걸어가서 승리하는 삶으로 나아갔으면 한다. 할 수 있다. 실력이 있고 마케팅이 되어 수많은 사람들이 찾아오고 스승으로 모시고자 하는 순간, 삶은 이미 달라졌다고 보아야 한다. 나는 이 삶을 살고 있다. 나는 여러분도 나와 같은 삶으로 크게 도약하기를 원하고, 여러분도 할 수 있다고 강하게 힘주어 말하고 싶다. 그리고 이 길을 걸어가고 있는 여러분의 선배로서 진심으로 도움을 줄 것을 약속한다.

# 본문을 쓰기 전에
# 개요 작성을 반드시 하라

내가 맨 처음 책을 쓰기 시작했을 때, 너무나도 막막했다. 도저히 글을 쓸 수가 없었기 때문이다. 충분한 공부를 했음에도 불구하고 도저히 글을 쓸 수가 없었다. 그래서 고민을 많이 했다. 어떻게 하면 글을 쓸 수 있을까 고민을 거듭했다. 지금도 그때를 생각하면 진땀이 난다. 아무리 오래 앉아서 책을 써도 도저히 써지지 않아서 얼마나 애를 먹었던지……. 나 스스로도 이해가 되지 않았다. 앉아서 글을 쓰는 데 도저히 써지지 않는 것이 아닌가. 고민이 깊어질 수밖에 없었다. '어떻게 책을 쓸 수 있을까. 좋은 방법이 없을까.' 진짜 고민이 많았다. 그리고 책을 쉽게 그러나 아주 좋은 내용으로 써서 단숨에 대한민국 상위 1%의 책이 될 수 있는 방법을 찾아냈다. 그것은 바로 '개요 쓰기'였다. 즉, 글을 쓰기 전에 글의 설계도를 만들어두는 것이었다.

즉, 목차를 주제문으로 생각하고, 그 주제문 아래에서 어떻게 글을 펼쳐나가야 될 것인가. 그것을 설계하자는 것이 내 생각이었다. 그러면서 내가 생각한 것은 개요 쓰기였다. 일반적으로는 서론, 본론, 결론 식으로 개요를 쓴다. 그러나 나는 과감하게 형식을 파괴하면서 나만의 형식을 만들었다. 서론, 본론, 결론을 내리되, 본론에서 어떻게 주장을 하고, 어떤 보조문장을 통해서 주제문을 뒷받침할까를 생각했다. 그러면서 보조문장 내에서 집중적으로 자료들을 쌓아나갔다. 어느 정도로? 책 한 권 분량 이상을 만들었다. 그런 뒤에 글을 쓰니, 글을 쓸 것도 없었다. 내가 만든 자료들을 정리하고, 내 생각을 조금만 얹어 넣어도 아주 훌륭한 책이 되었다. 왜냐하면 내가 만든 보조문장들과 자료들은 최고로 엄선된 최고의 자료들로만 만들어진, 농도 100%의 진국들이었기 때문이다. 결국 나는 처음 쓴 책에서 다산북스, 김영사, 21세기북스라는 대형 출판사의 계약 요청을 받게 되었다.

다만, 이렇게 하려면 시간이 필요하다. 어느 정도 필요하냐 하면, 적어도 책 1권당 3개월의 시간이 필요하다. 길면 총 6개월이 필요할 수도 있다. 즉, 책을 한 권 모두 다 쓰는 데 3개월 정도의 시간이 필요하다는 말이다. 길면 6개월 정도가 걸릴 수도 있다. 본문 쓰기는 보통 1개월 내에 마무리된다. 아무리 초보라도 1개월이면 책을 쓸 수 있다. 목차가 총 40개이므로 하루에 2개씩 매일 써도 20일밖에 안 걸린다. 하루에 4개씩 쓰면 불과 10일 만에 끝나게 된다. 아무리 초보자라도, 아무리 처음 책을 쓴다고 해도 본문 집필에 한 달이 넘지 않는 이유이다. 실제로 책의 본문집필에 한 달 이상 걸리면 문제가 있다. 길어도 2달 이내에는 본문집필을 끝내야 한다. 소설가 이외수 선생도 자신의 문하생에게 소설책 한권 쓰는 것을 한달 내에 끝내야 한다고 말했는데 동의한다. 그냥 한달, 정말로 봐줘도 두달 내에 책을 못 쓴다면 평생 책을 못 쓴다고 보면 된다. 왜냐하면 하루에 목차 1개씩만 써도 40일 만에 원고집필이 끝나는데, 하루에 단 1개의 목차도 쓰지 못하는 사람이 어떻게 책을 쓸 수 있겠는가. 이것은 도저히 가능한 일이 아니다. 따라서, 총 3~4개월이면 책 한권을 쓰는 것은 당연한 것이며, 이렇게 못하면 문제가 있는 것이다. 프로선수인 전업작가들도 1년에 2권에서 4권의 책을 쓰는데, 당연한 것이다.

결국은 책의 뼈대를 잡느냐, 안 잡느냐의 차이이다. 그리고 이렇게 자료를 쌓는 과정이 공부이다. 목차 안에 어떤 내용을 넣을 것인가, 어떻게 구성할 것인가를 계속 생각하고 고민하고, 책과 자료를 찾는 일이 공부이기 때문이다. 그리고 이를 통해서 글을 쓰면서 또 한 번 공부하게 된다. 글을 쓰면서 지식의 대폭발, 대융합이 일어나기 때문이다. 실제로 책을 써보면 자신의 잠재력이 이 정도였는가라고 생각 할 정도로 크게 놀라게 된다. 엄청난 생각들이 마구 쏟아져 나와 자신에게 큰 감동을 하게 되기 때문이다. 이러한 감동의 물결이 몰려오는 집필, 이러한 지식의 대폭발이 일어나는 집필, 자신의 기억 밑자락에 있는 잠겨 있는 생각들이 하나가 되면서 엄청난 생각들로 뿜어져 나오는 것, 그것이 책의 집필이라고 나는 말하고 싶다. 실제로 작가의 양대축은 독서와 사색이며 이 두 가지가 작가의 유일한 무기가 된다. 위대한 철학자이자 작가인 괴테를 생각해보라. 언제나 독서를 하고, 산책을 했다. 산책? 즉, 괴테는 산책을 하면서 책에서 읽었던 내용을 곱씹으면서 자신의 것으로 만들었다. 이른바 사색인 것이다. 우리도 괴테와 똑같은 길을 걸어가야 한다. 책을 읽고 생각하는 것, 이것이 모든 위대한 작가의 유일한 무기이다. 우리도 평소에 이것을 습관으로 만들어야 하고, 책을 쓸 때도 언제나 생각을 많이 해야 한다. 나만의 표현, 나만의 생각, 나만의 언어로 표현을 해야 하기 때문이다. 그리고 이 과정이 그야말로 살아 있는 공부, 진짜 연구인 것이다.

개요를 쓰는 일은 보조문장을 완성하는 일이고, 보조문장을 완성하면서 자료를 집적해나가야 한다. 적어도 책 한 권 분량으로 만들어야 한다. 즉, A4 용지 100장 분량 이상으로 자료들을 집적해야 한다. 그렇지 않으면 초보자는 글을 쓰기가 쉽지 않다. 필연적으로 두렵게 된다. 또, 글을 쓸 때 나침반이 없기 때문에 크게 흔들리게 된다. 이 과정을 반드시 거쳐야 한다.

그러나 책쓰기 고수가 되면 이런 과정은 생략될 수 있다. 왜냐하면 글만 쓰면 하고 싶은 말들이 모두 쏟아져, 주워 담기 바쁘기 때문이다. 즉, 머릿속이 이미 자료들로 구성된 백화점이어서 어떤 것이든 꺼내어 정리할 수 있기 때문이다. 그래서 요즘 나는 책을 쓰기 전에 개요 쓰기를 하지 않는다. 다만, 책을 쓰기 전에 관련된 공부는 잠깐 한다. 관련된 거의 모든 책을 읽어보는 그러나 이러한 일도 나에게는 쉬운 일이다. 습관이 되어서 매우 짧은 시간이 걸리고, 이미 많은 독서가 되어 있기 때문에 핵심만 파악하면서 읽기에 시간이 많이 필요하지 않기 때문이다. 그야말로 '잠깐 독서'로 한국 최고의 깊이를 파버리는 독서를 한다. 그러면서 한국에서 가장 깊은 내공을 쌓고, 그를 바탕으로 2~3일 내에 한 권의 책을 집필한다. 지금까지 내가 가장 최근에 집필한 책들은 상당수가 이러한 방식으로 집필했고, 이 모든 책들이 공신력 있는 단체에서 좋은 내용의 책으로 선정되었다. 이럴 수밖에 없는 이유는 책의 수준이 남다르기 때문이고, 그 밑바탕에 있는 자료가 남다르기 때문이다. 그 자료는 개요쓰기를 통해서 표현되지 않았지만, 머리 안에 있으므로 상당한 수준으로 표현이 되는 것이다. 그리고 자료를 정리할 필요가 있으면 정리를 해서 한다. 『유대인의 생각하는 힘』은 그런 식으로 집필을 했다. 왜냐하면 이 책은 자료들이 많이 들어가 모두 암기할 수가 없었기 때문이다. 그러나 가장 최근에 낸 책인 『독서 자본』은 다시 나의 스타일인 내 생각대로 글을 쓰는 일을 했으며, 지금도 마찬가지이다. 왜냐하면 이미 머릿속에 자료가 많기 때문이다. 이 책은 아무것도 참고하지 않고 내 생각을 쭉 썼고, 인용도 거의 없다. 그리고 이 책은 내용의 우수함을 인정받아 문화체육관광부 선정 세종도서 교양부문에 올랐다. 그러나 초심자의 경우에는 이렇게 하면 안 된다. 이미 글쓰기 트레이닝도 많이 되어 있고, 그냥 아무렇게나 써도 관심사에 대해서 그냥 책 한 권 뚝딱 써낼 수 있는 나의 수준까지 올라오려면 적어도 5년 이상은 걸리기 때문이다. 책도 적어도 10권 이상 집필한 상태가 되어야 이 정도의 구사가 가능함을 말하고 싶다. 그것도 죽도록 노력해서 말이다. 초심자는 욕심을 부리지 말고 차근차근 정도로 가야 한다. 그런 다음, 많은 실험들을 하면서 진화하면 된다. 그것이 순서라고 보며, 옳다고 본다. 며칠 전 찜질방에 갔다. 그곳에서 나는 저온 불가마에 갔다. 그곳에서 한 아저씨가 내게 그런 말을 했다. "저온에서 우선 몸을 데워야 합니다. 그런 연후에 고온으로 가야 합니다. 그렇지 않고 바로 고온으로 가면 심장에 큰 무리가 옵니다. 사람들이 죽는 이유는 다 멍청하기 때문입니다. 머리를 쓰지 않기 때문이지요. 모든 일에는 순서가 있고, 순리가 있는 법입니다. 그것을 무시하고 자기 마음대로 하면 죽는 것입니다. 저온에서 고온으로 천천히 단계를 밟아가면서 가야만 심장에 무리를 주지 않는다는 걸 모르기 때문에 바로 고온으로 가고, 결국 큰 병에 걸리게 되는 것입니다." 나는 이 말을 듣고 크게 공감을 해서 저온 불가마를 나오면서 그 아저씨에게 감사하다는 인사를 고개 숙여 드렸다. 왜냐하면 이것은 엄청난 삶의 지혜이기 때문이다. 사람들은 초보자이면서 곧바로 고수 단계로 가려고 한다. 그러나 그것이 될 법한 이야기인가? 사람은 네 발로 엉금엉금 기어 다니다가 그 후에 두발로 걸어 다닐 수 있다. 곧바로 두 발로 걸어다닐 수 있는 인간은 이 세상에 아무도 없다. 그 단계를 뛰어넘는 순간, 사람은 넘어지고, 사망하게 된다. 상식적으로 판단해야 한다. 초보자는 순서대로 가야 한다. 그리고 이 속에는 수많은 함정이 있으므로 많은 주의를 기울여야 한다. 나 역시도 전업 작가 생활을 하면서 수없이 많은 함정에 빠지면서 걸어왔다. 진짜 어떤 때는 힘이 확 빠지기도 했고, 화가 나기도 했다. 왜냐하면 함정에 빠지게 되면 시간낭비가 그야말로 엄청나기 때문이다.

그렇기 때문에 개요를 써라. 보조문장을 완성해라. 자료들을 집적해라. 자료들의 경우, 현재 하고 있는 일이나 개인적인 삶에서 가져올 수도 있고, 책에서도 가져올 수도 있다. 스스로 판단을 해야 한다. 그렇게 해서 조절을 하고, 그 조절을 통해서 자료들을 수집하면 된다.

결국 이 작업이 되어야만 단단한 원고가 나오고, 단단한 원고여야만 책을 최종적으로 출간할 수 있다. 좋은 기획이지만 책을 내지 못하는 경우가 간혹 발생하는데 그것은 원고의 낮은 질 때문에 그러하며, 그것을 보완하면 출간의 필요충분조건을 완벽하게 갖추었기 때문에 책을 출간하는 데 아무런 문제가 없다. 즉, 책을 출간하는 데 가장 중요한 것은 기획이고, 그 다음은 원고의 수준이다. 원고 수준의 경우 여러 가지들이 걸리게 되는데, 내용이 우수한가, 재미가 있는가, 문장표현이 간결하고 핵심을 찌르는가, 한 목차에서 한 주제를 정확히 말하고 있는가, 중언부언하고 있지 않은가, 글을 읽는 데 지루하지 않은가, 타깃 독자에 맞는 문체를 구사하는가 등을 살펴보아야 한다. 이것이 출간의 필요충분조건이다. 책을 내려면 명심해야 할 사항이다.

# 책을 돈이나 성공으로만
# 생각하면 안 된다

경각심을 주기 위해서 한 번 더 말하고자 한다. 책 1권을 쓰면 수억 대의 돈을 곧바로 벌 수 있다는 말은 전혀 진실이 아니다. 그런 일은 1년에 4만 명이 책을 내는데 보통 사람에게는 거의 있을 수 없는 일이다. 물론, 전혀 불가능한 일은 아니지만 쉬운 일은 아니다. 그것보다는 단단한 승부를 해나가겠다고 마음을 먹고, 출간 이후 수많은 공부와 연구 그리고 강연으로 기회를 확장해나가겠다는 마음가짐이 안전하고 바람직한 것이다. 왜냐하면 후자의 경우, 노력을 하면 대성을 할 수 있는 길이 열리고, 전자의 경우 가능성이 너무 희박하기 때문이다.

지금 우리 시대에 성공한 대부분의 작가들은 대부분 30대를 힘들게 보냈으며, 30대 말이나 40대 초반 정도에 글로써 성공할 수 있었다. 소설가 이외수 선생도 유언장을 써놓고 글을 썼고, 소설가 정유정 선생도 글로 성공하지 못한 기간이 10년에 가까워 많은 시간을 심적 괴로움 속에서 보냈다. 소설가 이문열 선생도 돈을 벌기 위해서 『삼국지』를 썼다고 말했고, 수많은 전업 작가와 전업 저술가들이 30대를 힘들게 보냈다.

10년의 힘든 시간을 단지 "힘들다"로 표현하면 그뿐이지만, 어찌 그 짧은 문장에 그 어려운 시절을 모두 담아낼 수 있으랴. 어찌 그 고통을 다 표현할 수 있으랴. 지금 비록 큰 집에 살고 좋은 차를 타고 다닐지라도 어찌 그때의 어려움을 잊을 수 있으랴. 바야흐로 청춘의 때, 하고 싶고 원하는 것도 많은 때 아닌가. 그때를 다른 보통 사람들은 재미있게 보냈다면, 성공한 작가들은 거의 전부가 힘들고 어렵게 보냈다. 가난 속에서 힘들었으며, 미래가 보이지 않는 불확실성과의 싸움을 끈질기게 하며 끝장을 본 이 시대의 진정한 끝판왕들이었다.

이들이 책으로 지금 당장의 성공이나 돈만을 보았다면 아마도 죽고 말았을 것이다. 과거에 조선 시대 때 귀양을 간 선비들이 많았으며, 그들 중에는 절망감으로 인해 자살을 한 선비들도 있었다. 왜냐하면 귀양을 가면 영영 한양으로 돌아갈 수 없거나, 사약을 받고 죽을 수도 있어서 미래에 대한 불확실성과 두려움으로 제정신으로 살기가 쉽지 않기 때문이다. 그 속에서 정약용은 책을 썼고, 조선의 위대한 학자가 되었다.

대다수의 사람들은 앞이 보이지 않으면 실망하고 좌절한다. 쓰러지고 만다. 흔들린다. 아니, 흔들리는 것까지는 좋다. 흔들리지 않고 피는 꽃은 없으니 말이다. 문제는 완전히 뿌리가 뽑혀버리는 경우이다. 완전히 포기해버리는 경우이다. 그러면 안 된다.

특히 지금 당장의 돈을 보면 살아갈 수가 없다. 나 역시도 20대 후반과 30대 초반 시절 고민이 많았다. 죽도록 노력을 했는데도 불구하고 성과가 미약하니 마음이 너무 답답했다. 작가를 그만두고 지금이라도 행정고시를 거쳐 공무원으로 가야 하는가에 대한 생각이 많았다. 그때『방외지사』의 저자 조용헌 선생을 만났다. 그를 만나서 앞길에 대해서 조언을 구했다. 그는 저명한 선배 작가였고, 사주명리학의 대가였기 때문이다. 그래서 그를 만나서 앞길에 대해서 물었고, 작가로서 잘 살아갈 수 있다는 말을 들었다. 사주명리학적으로도 그렇고, 내 책을 보더니 그런 말도 했다. 그러면서 자신의 이야기도 들려주었다. 자신도 마흔이 될 때까지 되는 일이 하나도 없었다고, 내가 사연을 구구절절 적어서 편지를 보내주었더니 하는 말이 그것이었다. "나의 젊은 시절을 보는 것 같아서 불렀다." 그리고 내게 들려주는 말이 우생마사였다. 즉, 홍수가 터지면 말은 지금 당장 문제를 해결하기 위해서 발버둥을 쳐서 물을 떠내려가다가 힘이 빠져서 죽고, 소는 홍수 속에서 자신의 몸을 맡기고 유유히 몇십 킬로미터 떠내려가다가 마침내 뭍을 만나서 엉금엉금 기어올라서 산다는 것이었다. 그러면서 위기가 터질 때에는 순리에 맞게 살아야 하고, 복잡하게 생각하지 말라는 말을 하였다. 그리고 때가 오니까 조급해하지 말라는 말을 덧붙였다. 그때가 몇 년

전임에도 불구하고 아직도 어제 일처럼 생생하다.

수많은 사람들은 나를 부자로 오해한다. 그러나 나는 부자가 아니다. 책을 많이 냈으니 돈을 많이 벌었을 것 아니냐는 말을 한다. 그러나 그렇지 않다. 나는 분명히 말하고 싶다. 책을 써서 당장 돈을 버는 일은 드물다. 그렇기 때문에 조급한 마음을 가질 것이라면 책을 쓰면 안 된다고 말하고 싶다. 대신, 5년 후, 10년 후를 보면서 책을 쓰고자 한다면 책을 쓰라고 말하고 싶다. 왜냐하면 5년 후, 10년 후가 되면 극적으로 인생이 달라져 있을 것이기 때문이다.

나는 맨 처음 책을 쓸 때 책을 내는 것을 두려워했다. 과연 책을 낼 수 있을까를 생각했다. 그러나 전업 작가를 한 지 10년, 종합 베스트셀러 5등에 오르고 에세이 베스트셀러 1등이 되었으며, 육군 제1군단에서 300명의 군장병들 앞에서 강연을 했다. 또, 수많은 팬들이 나를 찾아오고 있다. 또, 대기업, 대기업 사장 등을 비롯한 수많은 대학과 단체 그리고 저명인사와 사람들이 나를 인정하고 존중해주고 있다. 얼마 전에는 서울대 경영학과 조동성 교수님의 추천으로 [경영자 독서모임]에서 강연을 의뢰받았다. 10년 전에는 상상도 할 수 없던 일이다. 그 일이 지금 일어나고 있다. 얼마 전 한겨레신문, 아시아경제신문, 독서신문에서 인터뷰를 했다. 또, 경인방송에서 인터뷰를 했고, 방송에 나갔다. 그리고 연세대 심리학과 황상민 교수님의 팟캐스트 방송에 한달간 고정 패널로 출연했다. 생각하지도 못했던 삶을 살고 있으며, 비교적 젊은 나이이기 때문에 앞으로의 가능성은 더욱 크다고 생각된다.

여기까지 오는 데 수많은 히말라야 산맥을 넘었다. 여기까지 오는 데 10년이 걸렸다. 여러분도 책을 쓰면 그럴 것이다. 시간이 필요할 것이다. 그러나 생각지도 못한 삶이 열리는 것은 분명하다. 그리고 여러분은 최신 트렌드를 온 몸으로 겪을 수 있는 서울에 있다면 훨씬 더 시간을 단축시킬 수 있을 것이다. 대한민국 상위 1%의 책을 단숨에 낼 수 있도록 알려주는 내가 있고, 수많은 마케팅 강의와 좋은 강연들이 널려 있다. 그것들을 보면서 수많은 노하우를 집적한다면 시간들을 엄청나게 줄일 수 있다. 나 역시 2016년 2월 29일에 서울에 이사를 온 이후, 많은 강의를 들었다. 그러면서 강의에 대한 감을 잡았다. 그리고 서울에서의 강의가 별 것 없고, 내가 하면 훨씬 더 잘 할 수 있겠다는 강한 자신감을 얻었다. 그리고 이러한 확신을 바탕으로 단숨에 강의로서 훌륭한 성과를 내게 되었다. 여러분들이 만약 서울에 살고 있다면 그것은 엄청난 이점을 줄 것이다. 내가 대구 수성구에서 생활을 하다 올라와서 잘 안다. 그 차이가 엄청나다. 그래도 대구 수성구면 대한민국 지방을 통틀어서 가장 살기 좋고 해운대와 더불어 최고의 부자동네로 알려진 곳이 아닌가! 그럼에도 서울과는 엄청난 차이가 있다. 나는 단언하고 싶다. 서울에서 수많은 강의를 듣고 죽기 살기로 움직이면 시간을 많이 줄일 수 있다고! 다만, 그 실천만큼은 남달라야 할 것이다. 하루 15시간 이상씩 공부하고 책을 쓴다는 전제 하에 시간을 많이 줄일 수 있다고 생각한다. 15시간? 어떻게 그 정도를 하느냐고? 아니! 그 정도도 안 하고 성공하겠다는 것은 정말 도둑놈 심보가 아닌가? 평범한 사람, 흙수저, 세상 사람들이 모두 놀랄듯한 외모를 가지지 않은 사람, 하버드대 간판이 없는 사람이 이 정도의 노력도 안 하고 대한민국의 작가가 될 생각을 할 수 있단 말인가! 이 정도의 노력은 반드시 필요하다. 나 역시 그러한 과정을 모두 밟아왔다. 이 정도의 노력을 하지 않는다면 그것은 10년이 지난다고 해도 성공을 장담하기 힘들다. 사실상 한국에서의 성공은 생각보다 녹록하지 않기 때문이다. 내 기준으로 볼 때는 하루 15시간 정도씩 집중적인 노력을 해야 한다고 확신한다. 이 정도의 각오가 없다면 하지 않는 것도 권하고 싶다. 왜냐하면 인생을 실패하고 비참하게 살 확률이 높기 때문이다. 작가라는 거대한 빛은 엄청난 어둠도 내포하고 있다. 목숨을 걸 노력을 하지 않을 사람은 인간적인 삶을 위해서 꿈이라는 단어에 도전하지 말기를 권하고 싶다. 그것이 오히려 인간적인 삶을 보장하기 때문이다. 어떤 분야든 성공을 해본 사람은 안다. 그 길에 이르기까지 얼마나 많은 눈물과 아픔이 있었는지를. 나 역시 이제 어느 정도의 성공을 느끼고 있는 사람으로서 말하고 싶다. 하려면 제대로 하고 하지 않으려면 아예 하지 마라. 그것이 본인의 인생을 위해서 안전하기 때문이다. 적선을 한다는 마음으로 솔직하게 말한다.

진짜 내공이 있는 사람을 위한 것이 바로 책이다. 책은 내공이 있는데 내공 이하로 평가받고 있는 사람을 위한 것이라고 할 수 있다. 내공이 있을 때 지렛대 역할을 하는 것이 책이기 때문이다. 그렇기 때문에 성공하고 싶은 마음만 있는 사람이라면 죽을 듯한 노력을 당연히 해야만 한다. 그런 연후에 마케팅도 하고 다양한 실천들을 해야 한다. 한 걸음에 뛸 수는 없는 일이다. 차근차근하게 정도로 걸어가야 한다. 꿈이 있는 자라면 책쓰기에 도전하라! 감히 말하건대, 가장 빠른 길이 될 수 있다. 그러나 실천하지 않을 자라면 도전을 하지 마라. 눈물겨운 실천 없이 도전하겠다고 하는 자, 감히 말하건대 집안 전체를 망하게 할 것이다. 마음만으로 될 수 있는 것은 없다. 나도 면접을 보거나, 사람을 보면서 느낀다. 말은 엄청나게 잘 하고 의욕이 넘치는 사람이 있다. 그런데 가만히 보면 실천을 안 한다. 말은 안 해도 좋다. 죽도록 실천만 하면 된다. 그리고 그 시간을 길게만 끌면 된다. 성공이라는 것은 단언한다. 그런 고통의 시간을 보냈다는 것, 그 자체로 바로 성공이다. 성공은 재능만으로 이루어질 수는 없다. 끝장을 보겠다는 마음가짐과 실천이다. 안 된다면 한강에 뛰어들겠다는 각오 정도는 하고 도전해야 하는 것이 마땅한 것이 아닌가! 나 또한 늘 그런 마음가짐으로 살아왔다. 책을 쓰고자 한다면 최선을 다해라. 그리고 다양한 실천들을 하라. 그러면 반드시 길이 열릴 것이다. 절대로 노력에 배신하지 않는 것이 책이다. 나 이상민 작가가 약속할 수 있다.

# 글쓰기,
# 단기간에 비약적으로
# 실력을 향상시킨 후 매일 써라

글쓰기 실력은 어떻게 향상시킬 수 있을까. 첫 책을 쓸 때부터 내가 책을 잘 쓸 수 있었던 이유는 단기간에 폭발적인 글쓰기를 실천했기 때문이다. 나는 하루 10시간씩 글을 쓰는 일을 2개월 동안 반복하면서 비약적인 글쓰기 실력향상을 경험했다. 그런 점을 생각하면 글도 결국은 지독한 연습의 결과이지 않나 싶다. 즉, 단기간 폭발적인 글쓰기를 하는 것이다. 다시 말해, 단기간에 많은 양의 글을 집중적으로 쓰는 것, 그럼으로써 글쓰기 실력이 향상될 수 있다는 것이다.

즉, 단기간에 집중적으로 글쓰기를 해서 단기간에 어느 정도 실력을 향상시켜놓으면, 그다음부터는 다소 편안하게 글을 쓸 수 있다는 말이다. 이 방법은 내가 선택했던 방법이다. 물론, 나는 글을 쓰는 것을 좋아했다. 중학교 때는 논설반이었고, 고등학교 때도 문예반이었다. 글을 잘 쓰는 것은 아니지만, 끄적이는 걸 좋아했다. 중학교와 고등학교 시절 일기도 많이 썼다.

그러나 책이라는 긴 호흡의 글을 써본 적은 단 한 번도 없었다. 다만, 나는 책을 많이 봄으로써 책을 쓰는 것이 별로 어렵지 않겠다는 생각을 많이 했었다. 책을 보면서 내가 써도 이것보다 더 잘 쓸 수 있겠다는 생각이 든 적이 많았기 때문이다. 그런 자신감은 있었다.

그러나 막상 글을 썼을 때 막혔고, 꽤나 진땀을 흘렸던 기억이 난다. 도저히 글이 안 써져서 진짜 막막했던 때도 엊그제 같기 때문이다. 물론, 10년 전의 일이다. 그러나 생생하게 기억난다. 그때 글이 안 써져서 진짜 괴로웠고, 미칠 것 같았던 기억이 지금도 떠오른다.

나는 그때 진짜 고민을 많이 했다. 글이 안 써져서. 그러나 억지로 쓰려고 했다. 진짜 억지로 썼다. 그러고 보니 『전쟁 기획자들』을 쓴 서영교 중원대 한국학과 교수님을 자주 만났는데 서영교 선생님이 하신 말씀이 생각이 난다. "글은 억지로 쓰는 거지. 술술 쓰는 게 아니에요. 진짜 책을 내야겠다는 목적의식 때문에 죽기 살기로 쓰기 때문에 책을 낼 수 있는 거지. 어영부영하면 전혀 되지를 않아!" 내게 이런 말을 했던 기억이 난다. 얼마 전에도 나의 잠실 자택을 방문해서 함께 내 방에서 잠을 주무시고 가셨는데, 이 말이 기억에 남는다.

그렇다. 글은 억지로 쓰는 것이다. 힘들어도 그냥 써야 한다. 나도 진짜 억지로 꾹꾹 참으면서 썼다. 그러면서 겨우겨우 책을 썼다. 그러나 단기간에 책을 2권을 썼다. 즉, 6개월(6개월 중 4개월은 자료 정리하는 데 보냈고, 2개월 동안 집필을 했다) 동안 2권의 책을 쓴 것이다. 그러면서 글 실력이 비약적으로 향상되어 있음을 느꼈다. 그 증거까지도 있었다. 책을 2권을 썼는데 책의 맨 앞부분과 뒷부분의 글이 확연하게 차이가 났다. 남들이 보기에도 그랬다. 결국 책을 다 쓰고 다시 돌아와서 앞부분을 고쳐 썼다. 실제로 내 경험은 참 놀라운 것이다. 그리고 작가의 길을 가는 후배들에게는 피와 살이 되는 것이다. 도산학교 책쓰기 수강생 중 한분도 출판사에 원고를 투고한지 6일 만에 총 14곳의 출판사에서 출간제안이 왔는데, 그 수강생 선생님도 앞에 썼던 원고와 뒤에 원고가 퀄리티 차이가 많이 나서 원고를 다 쓰고 나서 앞부분을 고쳐 썼다는 말을 했을 때, 나도 전율을 느꼈다. 작가의 길을 가는 후배 선생님이 내 경험을 반복하고 있다는 생각에서였다.

글은 집중적으로 쓰면 실력이 향상된다. 고시도 단기간에 집중적으로 공부해서 붙어야 한다. 소나기가 내리듯이 집중포화를 때리면서 실력을 비약적으로 향상시켜버리면 그다음이 쉽다. 그러나 어영부영 가버리면 절대로 글이 늘지 않는다. 그리고 글을 잘 쓰려면 비결이 있다. 정신을 집중해서 글을 써야 한다. 정신을 진짜 똑바로 차리고 글을 써야 한다. 거의 미친듯한 몰입을 하고 글을 써야 한다. 그런 글쓰기가 아니라 대충 쓰면 절대로 글쓰기 실력이 늘지 않는다. 초집중한 상태로 많은 양의 글을 오랜 시간 동안 써야만 글쓰기 실력이 비약적으로 향상된다. 헬스클럽에서 운동을 해도 단 3개월 만에 몸을 만들 수가 있고, 고시를 공부해도 단 2~3년 내에 합격할 수 있다. 단박에 비약적으로 실력을 높일 수 있다. 글쓰기도 그러하다. 실제로 이러한 과정은 나의 체험이기도 하다. 나 또한 단기간에 글발이 비약적으로 향상되었고, 그것을 발판으로 글쓰기를 무려 10년 째 하면서 글이 조금씩 조금씩 좋아짐을 느낀다.

나도 지금도 그렇다. 페이스북이나 블로그에 쓰는 글은 도저히 긴장이 되지 않는다. 그래서 그렇게 좋은 글이 나오지 않는다. 물론, 호흡이 짧은 글이라서 그럴 수도 있다. 그러나 책을 쓴다고 하면 일단 마음이 굉장히 긴장이 되기 때문에 글의 톤과 글의 무게감 자체가 달라진다. 그런 것이 있다. 이것이 마음가짐이고, 집중력의 차이이다. 이러한 긴장감을 가지고 단기간에 많은 양의 글을 쓸 때 글쓰기 실력은 비약적으로 향상될 수 있다. 물론, 몇 달 전부터는 페이스북에 글을 쓸 때는 최대한 집중을 해서 쓰고 있다. 그 결과, 좋아요 개수가 10개 정도에 머무르다가 요즘은 평균 250개 이상, 많으면 400~500개 정도가 나온다. 이른바 '집중의 힘'이라고 생각된다. 그리고 거의 매일 페이스북에 글을 쓰면서 '페이스북에 적합한 글쓰기'에 시간이 압축적으로 쌓였기 때문이라고 생각된다. 모든 것은 시간과 집중에 비례하기 때문이다.

그리고 책을 내고 나서도 계속해서 글쓰기를 하지 않으면 힘들다. 계속 글을 써야 한다. 공지영 작가가 절필을 선언하고 나서 7년이 된 후 소설을 쓸 때 소설 쓰기가 잘 되지 않아 진땀을 흘렸다는 말을 한 적이 있다. 그렇다. 글도 훈련이고 연습이다. 계속해서 글을 쓰지 않으면 글 실력이 확 줄어버린다. 나도 그런 것을 느낀다. 솔직히 몇 달만 글을 쓰지 않아도 두려운 마음이 생긴다. 글을 쓰는 데 감각이 떨어진 것을 느끼기 때문이다. 지금 나는 글을 쓰면서 감각을 회복하고, 다시 끌어 올리는 중이라고 할 수 있고, 예전으로 다시 돌아가는 중이라고 할 수 있다. 전업 작가도 단 수개월만 글쓰기를 쉬어도 실력이 떨어진다. 그렇기 때문에 비약적으로 글쓰기 실력을 향상시킨 후에도 계속해서 책을 쓰는 것을 놓지 말아야 한다. 책을 쓰지 않을 때는 글이라도 매일 써야 한다. 나도 끄적이는 걸 좋아한다. 그래서 매일 끄적인다. 아니면, 생각이라도 많이 한다. 사색은 생각전개로 또 다른 형태의 글쓰기라 할 수 있기 때문이다. 그렇다면 글쓰기의 본질은 무엇일까. 글쓰기란 일종의 기술이라고 할 수 있다. 글에 담기는 콘텐츠가 큰 그림으로서 내용물이라면, 글쓰기는 그 콘텐츠를 담는 그릇이라고 할 수 있다. 그러니까 글쓰기는 기교요, 기술이라고 할 수 있다. 이것이 문제가 있을 경우, 내용물이 살지 못할 수 있다. 그렇지 않은가! 맛있는 차돌박이 전골도 좋은 그릇에 담겨야 맛이 있지 않은가 말이다. 그렇다면 이 글쓰기라는 것은 문체와 어떤 연관성이 있는 것일까. 글쓰기는 문체와 관련성이 있기는 하다. 말의 톤이 문체에서 결정되고, 그 톤이 글의 느낌을 다르게 하기 때문이다. 그런 점에서 보면 글쓰기라는 것은 어쩌면 인간의 기질이나 성향과도 밀접한 관계가 있는 것이다. 왜냐하면, 문체란 그 사람의 본질이 그대로 담기는 것으로 쉽게 변할 수 없는 것이기 때문이다. 이 책은 글쓰기 책은 아니므로 이 정도에서 마치고, 자세한 글쓰기 기술은 다음 책인 나의 글쓰기 책에서 다루고자 한다. 여기에서는 책쓰기의 핵심만 다루기에도 장수가 모자라니까.

즉, 나는 단 2~3일 만에 책을 한 권을 쓰는 스타일을 고수하고 있다. 이렇게 하면 글의 집중도가 비약적으로 올라가기 때문이다. 글을 쉬었다가 쓰면 호흡이 밀착되지 못하는 단점이 있다. 물론, 매일매일 많은 양을 부지런히 쓰면 그 단점을 완화할 수는 있다. 소설가 조정래 선생이 이 방식대로 책을 쓰고 있다.

2~3일 만에 책을 쓸 수 있는 비결은 그 전에 자료 조사를 완전히 끝냈기 때문이다. 공부를 완전히 끝냈고, 목차까지 완성해놓았기 때문에 바로 쓰기 시작하면 바로 끝낼 수 있다.

여러분의 경우에도 글쓰기 실력이 없더라도 단기간에 집중적으로 글을 써서 1권의 책을 혹은 2권의 책을 집필을 끝내면 글쓰기 실력이 비약적으로 향상될 수 있다. 그리고 그 이후, 계속적인 글쓰기를 하면서 가면 글쓰기 실력이 유지될 수 있다. 이것은 나의 방법이기도 하고, 내가 내 몸으로써 증명하기도 한 것이다.

무엇이든 그렇다고 생각된다. 단기간에 비약적으로 향상시킬 수 있다. 그리고 그 이후는 묵히면서 더 완숙한 경지로 들어가는 것이다. 나는 글쓰기도 그렇게 될 수 있다고 보며, 이것은 여러분이 초보자이지만 지금부터 집중해서 단기간에 책을 한 권 쓰는 경험에서 나올 수 있다고 본다. 그리고 그 이후에도 계속 글쓰기를 하면서 유지될 수 있다고 본다. 다만, 글을 쓸 때에는 최대한 집중(정신을 차리고 글을 써야지, 그렇지 않으면 안 된다)해야 하며, 글쓰기가 힘들더라도 절대로 물러나면 안 된다. 나는 처음 글을 쓸 때 억지로 꾸역꾸역 썼다고 했다. 진짜로 힘들었다고 말했다. 그리고 현직 대학교수이자 저술가인 서영교 선생도 억지로 책을 쓴다고 말했다. 여러분들도 직접 해보면 마찬가지일 것이다. 그러나 힘이 들더라도 절대로 책상에서 일어나면 안 된다. 죽더라도 글을 쓰고, 책을 쓰고 나서 죽겠다는 생각으로 임해라. 그래야만 책을 한 권 쓸 수 있다. 그렇지 않고 참지 못하고 일어나면 절대로 책을 완성하지 못한다. 왜냐하면 쉬고 와서 책을 쓰겠다고 하지만 다시 책상에 앉으면 또 힘들기 때문에 또 일어나게 되고, 그렇게 2달만 가버리면 사람이 지쳐서 두 손 두 발 다 들게 되기 때문이다. 그러니 절대로 물러나지 마라. 물러나지만 않으면 실력은 반드시 올라간다. 세상의 모든 일이 그런 것처럼 성공은 시간과 집중력에 비례하기 때문이다. 정신을 차리고 오랜 시간 동안 실력연마를 거듭했음에도 실력 향상이 없다는 것은 말이 되지 않는 일이다.

# 문체에 대해서는
# 고민하지 마라

자기를 포장하는 존재가 인간이다. 사람은 어떻게든 남에게 잘 보이려고 한다. 멋지게 보이려고 하고, 예쁘게 보이려고 한다. 이것은 인간의 본능이다. 책을 쓸 때도 당연히 그렇게 된다. 남들에게 멋지게 보이고 싶고, 예쁘게 보이고 싶다. 좋다. 인정한다. 그러나 거기에서 멈추는 것이 좋겠다. 왜냐하면 책은 긴 글이라서 여러분이 여러분의 본질을 꾸미고 싶어도 결국은 솔직하게 드러나기 때문이다. 한계가 따른다. 결국은 여러분의 성격이 그대로 나온다. 그것이 책이다. 즉, 문체는 여러분의 피부와 같은 것으로 절대로 벗길 수가 없다. 여러분의 성격, 성향, 가치관, 기질 이런 것들이 그대로 나타난다. 그러므로 누구를 따라 해서도 안 되고, 따라 할 필요도 없다. 그것이 허락되지 않기 때문이다.

처음 책을 쓸 때에는 어떤 문체로 쓸까 고민을 하게 되기도 하고, 자신의 성격과 조금 다르게 문체가 표현되기도 하지만, 고민할 필요가 없다. 결국은 자신의 본질대로 돌아오기 때문이다. 초보자가 글을 쓰는 것에 대해서 고민할 필요가 없다. 철저히 콘텐츠 중심으로 준비해 나가야 한다. 그런 뒤에 콘텐츠를 통해서 글을 완성한다고 생각해야 한다. 글을 쓴다고 하면 초보자들은 못 쓴다. 글을 쓰는 것이 아니라 집을 짓는다고 생각해야 한다.

즉, 책쓰기는 집짓기와 같다. 목차가 집의 뼈대이다. 그리고 개요쓰기와 자료수집이 본문집필의 큰 축이다. 이렇게 모든 양식을 다 갖춘 다음, 이것을 이어주면서 자신의 생각을 부어주는 것, 이것이 책쓰기다. 그러니까, 목차, 개요 쓰기, 자료준비로 뼈대를 완벽하게 만들어놓고, 그곳에 자신의 생각을 조금만 붙인다고 편하게 생각하면 된다. 부담을 빼자.

문체는 자신의 성격대로 나오기 때문에 부담을 가질 필요가 없고, 자신을 있는 그대로 보여주면 된다. 솔직하게 쓰면 된다. 괄괄한 성격은 그대로 나오게 되고, 강한 힘은 없지만 정갈한 성격도 그대로 나오게 된다. 그것은 자신의 본질이기 때문에 어쩔 수 없이 나오는 것이다. 그래서 글이 심플하고 정갈한 사람을 보면 대체로 말랐고, 글에 힘이 있는 사람은 대체로 기골이 장대하거나 몸집이 있음을 알 수 있다. 이것은 전업 화가를 보아도 그렇다. 얼마 전 나는 삼청동 갤러리에 정창균 선생님과 문덕희 선생님과 그림을 보러 갔다. 정창균 선생님은 미술국전 대상을 받았고, 국전 심사위원도 하고, 소설 『채식주의자』 한강 선생님과 함께 작업도 하신 전업 화가 선생님이고, 문덕희 선생님은 갤러리를 판매하는 아트 딜러인데, 같이 기회가 되어 삼청동에서 밥도 먹고 이야기도 나누고 그림도 보았다. 그때 정창균 선생님과 지인이 갤러리를 열어서 같이 갔는데 한 분의 그림은 복잡했고, 한 분의 그림은 심플했다. 그분들의 외모 역시 한 분은 생각이 많은 분이었고, 한 분은 얼굴이 잘 생긴 스타일이었다. 즉, 작품과 사람이 일치한 것이다. 평소에 생각이 많으니 그림에서 복잡함이 드러나고, 얼굴이 깔끔하고 잘 생겼으니 심플하게 자신의 본질이 표현되는 것이다.

그 전에도 나는 그림을 보고 누가 그렸는지를 맞힌 적이 있는데, 이번에도 느낌이 맞았다. 사람을 떠나서 그 작품은 존재할 수가 없다. 사람=작품인 것이다. 왜냐하면 작품 안에는 그 사람의 철학 나아가 영혼마저 투영되는 것이기 때문이다. 그래서 작품 이전에 사람으로서 그 작품을 평가하면 대체로 들어맞게 된다. 나는 이런 경험이 제법 있다. 연애를 잠시 할 때는 속일 수 있지만, 연애가 2년이 넘어가면 성향이 나오게 마련이고, 결혼해서 살면 반드시 나온다. 시간이 길기 때문이다. 호흡이 길면 드러난다. 책 또한 작품으로 자신의 본질이 그대로 투영된다. 또, 책은 글의 길이가 길기 때문에 자신의 성격이 그대로 나타난다. 짧은 글에도 자신의 본질을 속일 수도 있지만, 긴 글에서는 필연적으로 드러난다. 그것이 자신의 일부라고 하더라도 자신의 솔직한 한 면이 확실하게 드러나게 된다. 그렇기 때문에 문체의 경우에는 아무런 생각을 하지 말고 글을 쓰는 것이 바람직하다. 물론, 지나치게 지루하게 집필을 하거나, 중언부언할 수도 있다. 이것은 그 사람의 성격이 그렇기 때문이다. 이럴 때는 쉽사리 글을 고치기가 힘들거나, 아무리 노력해도 본인의 힘만으로 책을 출간하지 못할 수도 있다. 이것은 그 사람의 정체성과 연관이 있기 때문에 쉬운 영역이 아니다. 그런 점에서 보면, 책쓰는 능력이 태생적인 능력과 완전히 연관성이 없다고는 말할 수 없다. 태생적으로 지루한 성격이거나, 중언부언하는 성격이거나, 말은 제대로 하지만 글로 표현을 할 때는 명쾌하지 못한 사람도 분명 존재할 수 있기 때문이다. 문장에 문제가 있고, 당장에 글쓰기 실력이 달라지기 어렵다면, 그리고 출간을 반드시 해야 한다면, 개인적으로는 윤문을 해주는 편집자의 도움을 받는 것을 권하고 싶다. 문체의 문제는 성격, 성향의 문제이고 이것은 쉽게 바뀔 수 없는 부분이기 때문에 태생적인 이유로 인해서 책을 출간하지 못할 가능성 역시 전혀 배제할 수는 없기 때문에 하는 말이다. 물론, 이 벽을 뛰어넘으려면 각고의 노력을 하면 된다. 나 역시 2달 동안 하루 10시간씩 글을 집중적으로 썼지 않는가! 그런 노력을 배로 하면 될 수도 있다. 즉, 4달 동안 하루 10시간씩 매일 글을 쓰는 것이다.

결국 문체에 대한 고민을 할 필요가 없다. 그것보다는 콘텐츠에 대한 고민을 많이 해야 한다. 아니, 실행을 많이 해야 한다. 문체는 자신의 본질을 그대로 표현하는 것이고, 자신의 본질은 변하지 않는다. 그렇기 때문에 문장은 그냥 쓰면 된다. 책의 핵심은 콘텐츠이다. 문체는 자신의 본질을 담아내는 수단이다. 일종의 피부이다. 우리는 심장인 콘텐츠에 집중해야 한다. 다만, 문체로 인해서 출간이 안 될 수 있다면, 이점을 조언하고 싶다. 첫째, 문장을 간결하게 써야 한다. 그래야만 뜻이 정확히 전달되기 때문이다. 그리고 한 문단 안에서 한 가지 중심내용만 말해야 한다. 한 문단 안에서 다양한 이야기를 해버리면 책이 중구난방이 되어버린다. 많은 내용을 알고 있는 것은 좋지만, 효과적으로 전달해야 한다. 책의 한 목차는 하나의 내용을 다루는 것이 원칙이다. 왜냐하면 하나의 주제를 다루고 있는 장이기 때문이다. 마찬가지로 문단도 그렇다. 문단 안에서 지나치게 많은 내용들을 담아버리면 독자들은 무슨 말인지 하나도 모를 수 있다. 한 문단 안에 하나의 이야기를 담도록 한다. 즉, 최대한 간단하고 심플하게 글을 쓰면서 가는 것이다. 셋째, 한 목차 안에서 글이 통일성, 일관성, 유기성을 가져야 한다. 즉, 한 주제, 하나의 이야기를 해야 한다는 말이다. 넷째, 지루하지 않아야 한다. 재미가 있는 글이어야 한다. 책도 기본적으로 놀이수단으로 볼 수 있다. 재미가 없고 지루하면 끝장이다. 이 정도만 지켜도 문체로 인한 문제를 크게 극복할 수 있을 것이다. 왜냐하면 문체가 문제가 되는 경우란 대부분 지루하거나 재미가 없는 문제, 한 목차 안에서 중구난방으로 이야기를 하는 문제에서 비롯되기 때문이다.

# 목차를 짤 때 좋은 목차,
# 좋은 내용을 고민하지 마라

초보자가 목차를 완성하는 것은 어떻게 해야 하는가. 목차는 자신이 무엇을 말하고 싶은가에서 찾아야 하며, 자신의 향후 진로와 관련해서 깊은 연관성이 있는 것을 뽑아내야 한다. 그런 뒤에 다듬는 작업을 해야 한다. 즉, 일단은 많은 것을 뱉어내야 한다. 물론, 그 전에 제목(주제)을 잡아야 한다. 제목(주제)은 기획을 통해서 정교하게 잡아야 하고, 그것은 현재 출판시장의 분석을 통해서 가능하다. 그런 뒤에 목차를 잡아야 하고, 그 목차를 잡을 때는 일단은 많이 적어보는 것이 필요하고, 일단은 다듬어지지 않더라도 생각나는 대로 적어보아야 한다.

그렇기 때문에 형식에 관계없이 적어보아야 하며, 그렇기 때문에 좋은 목차, 좋은 내용을 고민할 필요가 없다. 오히려 이런 고민이 목차를 못 만들게 만든다. 그냥 일단 내야 한다. 그런 뒤에 다듬으면 된다.

목차는 결국 내가 말하고자 하는 것의 핵심 문장들이다. 총 40개에서 50개 정도의 목차가 책 1권에 들어가며, 대체로는 40여 개의 목차들이다. 그 목차는 문장 형태로 표현되며, 이것은 내가 쓸 책에서 가장 핵심적으로 주장하고자 하는 대표자들이다. 그러니까 전쟁으로 비유하면 40명의 장군들이라고 할 수 있다. 이 40개의 목차는 그런 면에서 내가 표현하고자 하는 것에 가장 부합하는 문장들로 구성된다고 할 수 있고, 결국은 내가 말하고자 하는 것을 가장 강하게 표현한 것들이라고 볼 수 있다. 이것은 내 생각으로도, 책으로도 뽑아낼 수 있다.

결국은 내가 쓸 말이기 때문에 내 생각으로도 표현할 수 있고, 자료들을 통해서 도출할 수도 있는 것이다. 일단은 많은 양의 문장들을, 내가 할 말들을 뽑아내야 하고, 그 다음은 잘 다듬어야 한다. 다양한 형식들이 있는데, 베스트셀러가 된 목차들은 좋은 공부 자료가 된다. 그것이 하나의 표본 내지 표준이 될 수 있기 때문이다. 참고하되, 내가 할 말을 뽑아내야 한다.

다만, 내가 책쓰기 수강생을 접해본 경험에 의하면, 수강생들은 목차를 잡아본 경험이 전무하기 때문에 세련된 목차를 뽑아내지를 못한다. 그러니까 책으로 전달할 핵심 메시지를 뽑아내긴 하지만, 그것을 세련되게 다듬을 줄 모르며, 그럴 경우 매력적인 책으로 다가서지를 못한다. 그러면 출간 자체가 어렵고, 판매도 안 된다. 결국 세련된 목차로 다듬는 작업이 필요하며, 이것은 전문가의 도움을 받으면 좋다. 혼자 진행할 것이라면, 많은 생각을 해보고, 수많은 사람들에게 물어봄으로

써 검증을 받아보는 것도 권하고 싶다. 혼자서 책의 목차를 처음부터 잘 다듬기란 쉬운 일이 아니기 때문이다. 검증을 받아볼 것을 권하고 싶다. 경제적으로 가능하다면 책쓰기 전문가의 도움을 받아서 목차를 교정 받아볼 것을 권하고 싶고, 가능하다면 목차를 잡아주는 곳에 의뢰를 해보는 것도 권하고 싶다. 참고로 도산학교에서는 책쓰기 수강생에 한해 제목과 목차를 100% 무료로 완성해주고 있고, 자료수집의 방향과 원고의 확인까지 일일이 해주고 있다.

우리가 책쓰기 전문가의 도움을 받는 것은 시간과 돈을 절약하기 위해서이다. 왜냐하면 혼자서 하면 많은 시행착오를 겪게 되고, 이것은 시간과 돈의 손실로 이어지기 때문이다. 즉, 혼자서 하면 수년이라는 시간이 걸리고, 책을 출간하지 못하게 됨으로써 경제적인 손실도 막대해진다. 많은 수의 전업 작가들이 첫 책을 출간하는 데 2~3년 정도의 시간이 걸렸다는 점을 생각할 때, 혼자서 책을 쓰는 일이 호락호락하지 않음을 알 수가 있다. 즉, 밥 먹고 책만 쓰는 사람도 2~3년이라면, 직장을 다니면서 책을 쓴다면 그보다 2~3배의 시간이 걸릴 것이기 때문이다. 결국 책쓰기 전문가의 도움을 받는 것은 제목과 목차, 책 쓰는 방법, 출간 이후의 컨설팅 등을 제공받을 수 있기 때문이라고 할 수 있다. 혼자서도 할 수 있지만 시간이 많이 걸리고 힘들기 때문에 전문가의 도움을 받아 효율적으로 결과를 내기 위해서 한다고 할 수 있다. 약 15년 전부터 현재까지 사법시험, 행정고시 합격자 전원이 학원 강의를 듣는데, 그 이유는 무엇일까? 한국을 대표하는 엘리트들이 공부를 하는 학생 전원이 학원 강의를 듣는 이유는 비교할 수 없는 효율성이 존재하기 때문이다. 책쓰기 전문가의 도움을 받는 것도 같은 맥락이라고 볼 수 있다.

결론을 내려보면, 목차는 내가 하고자 하는 주된 주장이며, 이것은 내 생각에서 그리고 책에서도 나온다. 그리고 이렇게 목차를 쓸 때 그냥 생각나는 대로 하고, 그 다음 일반 대중들에게 강하게 어필이 될 수 있는 표현으로 잘 다듬어야 한다. 처음부터 다듬으면 안 된다. 너무 잔가지에 신경 쓰면 큰 그림을 못 보기 때문이다. 그렇게 크게 펼치고 난 다음에 정리를 해야 한다. 그렇게 목차를 만들면 된다.

# 책쓰기,
# 결국은 사람 공부이고
# 감각 싸움이다

"책은 멀리 있지 않고, 언제나 내 안에 있다." 나는 늘 이 생각을 갖고 있다. 왜냐하면 책은 본질적으로 사람을 담고 있는 것이기 때문이다. 우리는 누구나 베스트셀러를 내고 싶어 한다. 나아가, 고전처럼 수천 년 뒤에도 내 책이 살아서 수많은 사람들의 사랑을 받기를 원한다. 그렇다. 결국 사람이다. 좋은 책을 쓰기 위해선 사람을 알아야 한다.

내가 책을 내고 활동할 초기 무렵, 몇몇 대형출판사를 거친 한 편집자(정확히는 기획실장 겸 편집자)는 내게 사람 공부에 대해서 언급했다. 구체적으로 어떻게 하라는 것이냐고 물었더니, 우선은 책을 읽은 독자에게 감사하고 사랑하는 마음을 가져야 한다고 말했다. 다음을 물었더니, 그는 이렇게 말했다. "책의 리뷰들, 서평들을 전부 다 읽어보세요.

읽어보는 것에 머물지 말고 왜 이런 리뷰·서평을 남겼을 지에 대해서 깊이 생각해보세요. 무엇보다도 사람을 섬세하게 느껴야 합니다. 결국은 사람 공부이고 사람입니다."

도사가 되기 위해선 책만 보면 안 된다. 직접 사람을 만나보아야 하고, 진실을 느껴보아야 한다. 그래야 정교한 판단이 가능하다. 이른바 크로스체킹이다. 책을 잘 쓰기 위해선 책을 보아야 하지만 책만 보면 안 된다. 사람을 만나보아야 하고, 직접 사람을 느껴보아야 한다.

그래서 작가에게 경험이란 큰 자산이며, 산전수전을 겪고 우여곡절을 겪은 것은 큰 무기가 된다. 사람을 아는 경험을 했기 때문이다. 작가는 기본적으로 생각하는 사람이다. 생각이 많은 사람이기 때문에 질문이 많고, 질문이 많기 때문에 답을 찾고 확인하기 위해서 책을 읽는다. 또, 기본적으로 생각이 많기 때문에 머리가 복잡하고, 머리가 복잡하기 때문에 정리를 하기 위해서 글을 쓴다. 그리고 책을 쓸 만큼 할 말이 많은 사람이다. 기본적으로 할 말이 많기 때문에 책을 쓰지 않고는 못배기는 사람이 작가이다. 그리고 글을 씀으로 마침내 평안을 찾는 존재가 작가이다. 물론, 글을 쓰는 일은 힘들다. 그러나 역설적으로 힘들기 때문에 즐겁다.

힘들기 때문에 즐겁다니 이것은 무슨 말인가. 인생은 그렇다. 힘듦은 힘든 것만은 아니다. 그 속을 깊이 파고들면 즐거움이 나온다. 쓴 나물도 씹다 보면 고소한 맛이 나온다. 고통스러운 일도 극점에 다다르면 그 일을 잘하게 되고 능통하게 되면서 즐거움을 발견하게 된다. 고통은 곧 즐거움과 맞닿아 있다. 마찬가지로 즐거움도 고통과 맞닿아 있다. 맛있는 음식을 먹으면 즐겁지만 배가 터지도록 먹으면 불쾌함, 즉 고통이 밀려온다. 아무리 좋은 것도 그것을 지나치게 하면 고통이 몰려온다. 고통 안에 즐거움이 있고, 즐거움 안에 고통이 있기 때문이다.

사람에 대해서 잘 알려면 스스로의 깊은 생각이 필요하다. 뜨거운 생각이 필요하다. 깊은 열병과도 경험이 필요하다. 무엇보다도 성찰하는 것을 습관으로 들이는 것이 좋다. 자기 자신에 대해서 반성적으로 생각해보고 살펴보는 일이 습관이 되면 삶을 보는 시야가 달라진다. 또, 어떤 일이 주어졌을 때 그것을 가지고 곱씹어 보는 태도 또한 필요하다. 가볍게 여기지 않고 탐구하려는 자세가 필요한 것이다. 자신의 일을 하더라도 끝장을 보겠다는 태도가 필요하다. 그런 태도와 자세를 가지고 일념으로 정진할 때 일의 극점에 다다를 수 있으며, 이 속에서 스스로 느끼고 생각하는바 또한 크다. 그렇게 하면서 생각을 하게 되고, 그러면서 우리는 사람을 알게 되고, 인생과 세상을 통찰할 수 있는 수준으로 올라서게 된다.

결국 책을 쓴다는 것은 사람을 안다는 것, 세상을 안다는 것, 내가 주체가 되어 할 말이 있다는 것을 말한다. 그리고 나의 지식과 나의 능력을 세상을 말했을 때 떳떳하고 당당할 정도의 자신감과 실력이 있다는 것을 말한다. 객관적으로, 주관적으로 모두 말이다.

지식을 전달하는 책의 경우에도 사람을 알아야 한다. 그 사람이 어떻게 반응할지를 생각하면서 책을 써야 하기 때문이다. 자신의 인문학적인 감수성을 십분 활용하여 책을 기획하고 써야 한다. 그 사람이 어떻게 느낄지, 어떻게 받아들일지, 실제로 어떠한 도움을 줄 수 있는지에 대해서 깊은 배려와 사랑의 마음이 필요하다. 과거 감옥에서 책을 쓴 사람들, 절망 속에서 책을 쓴 사람들의 책이 왜 지금까지도 사랑받는 고전으로 남아 있을까. 자기 욕심은 버리고 순수한 마음으로 책을 썼기 때문이다. 그랬더니 진짜 도움이 되는 글을 쓸 수 있었기 때문이다. 세르반테스의 『돈키호테』, 마키아벨리의 『군주론』, 사마천의 『사기』, 정약용의 『목민심서』는 에고를 버린 자들의 강한 힘을 보여준다. 사심이 없이 순수하게 책을 쓰는 것의 힘을 보여준다.

우리가 이들처럼 극한의 상황에 처하기는 쉽지 않다. 또, 이러한 극적인 경험을 하기도 쉽지 않다. 결국 이들의 마음은 수도자의 마음, 경건한 마음, 나의 모든 것을 내려놓고 차분하게 쓰는 마음에서 나왔다고 할 수 있는데, 그런 마음을 우리가 연습하면 된다. 또, 단 한 사람을 진심으로 생각하면서 글을 쓰는 연습도 좋다. 효도해야 하는 어머니, 사랑하는 아내와 자식을 생각하면서, 사랑하는 애인을 생각하면서 글을 쓰는 것도 큰 힘을 발휘한다. 이것은 뜨겁다.

결국에는 그 사람을 위한 진심이 있어야 한다. 지식에 대한 책을 쓰더라도 진실로 그 사람에게 도움이 되는 글을 쓰겠다는 뜨거운 진심이 있어야 한다. 책을 썼을 때 세상에 진실로 도움이 되는 글을 써야 한다는 뜨거운 진심이 있어야 한다. 그런 진심, 열망, 순수함이 있을 때 글은 강한 힘을 내며, 그럴 때 사람을 감동시킬 수 있는 것이다. 사람을 사람으로 보고, 순수하고 정직하게 대하고, 그렇게 진실한 마음으로 글을 써야 좋은 글이 나온다.

사람으로부터 선택을 받고 도움을 얻으려면 내가 낮은 곳에 처해야 하며, 내가 힘듦을 자처해야 한다. 내가 솔선수범해야 하고, 나부터 수신修身해야 한다. 그럴 때 사람들이 따르고, 내가 높은 곳으로 올라갈 수 있다. 즉, 그 말은 내가 성공하기 위해선 오히려 세상 사람들을 섬기고 봉사하는 마음으로 살아가야 한다는 것으로, 오히려 세상 사람들보다 더 힘들고 경건하게, 더 절제하고 겸손하게, 더 치열하고 따뜻하게 살아가야 한다는 것을 뜻한다. 이것은 힘든 일이다. 그러나 힘듦을 극복하고 넘어섰기 때문에 성공이라는 면류관이 주어지는 것이다.

책을 쓰겠다는 것, 이것은 무거운 것이다. 맨 처음은 입신을 위해서 시작했더라도 결국은 세상 사람들을 위한 순수한 마음과 사랑으로 귀결될 때에만 내가 은혜를 받을 수 있기 때문이다. 결국은 사람 공부이다. 사람을 섬기는 공부이고, 진심으로 위하는 마음이 있어야만 하는 공부이다. 그런 공부를 해야 한다. 그런 공부를 해야만 좋은 글, 오래가는 글을 쓸 수 있다.

# 오히려 평범한 사람이
# 책을 써야만 하는 이유가 있다

책을 본다는 것은 필연적으로 결핍이나 열등감이나 절박함이 있다는 것이다. 이러한 이유가 없이 책을 재미로만 보는 사람은 드물다. 심심하기 때문에 보는 사람도 드물다. 물론, 사람들은 말한다. 재미로만 본다고. 심심하기 때문에 본다고. 그러나 요즘에 그런 사람은 드물 수밖에 없다. 왜냐하면 재미있는 것들이 지천으로 널려 있기 때문이다. 영화도 있고, 여행도 있고, 드라마도 있고, 게임도 있다. 또, 친구들끼리 놀 수도 있고, 연애를 할 수도 있다. 요즘에는 TV도 엄청나게 많은 채널이 있다. TV만 보고도 세월을 계속 보낼 수도 있다.

결국 책을 본다는 것은 강한 결핍이 있다는 것이다. 내 인생을 바꾸고 싶다는 열망이 강하기 때문에 답을 찾아야겠고, 그 마땅한 수단이 없기 때문에 책을 드는 것이다. 그래서 독서를 하게 되고, 그렇게 되면서 인생이 서서히, 그러나 강력히 바뀌어간다. 그리고 책을 많이 보게 되면 필연적으로 생각을 많이 하게 된다. 왜냐하면 수많은 정보들과 생각할 거리들이 들어오기 때문이다. 그러면서 내 생각들이 파괴되고 생각의 영역들이 넓어져간다. 필연적으로 머리가 아파질 수밖에 없다. 그리고 그 결과로 생각을 정리하기 위해서 글을 쓰게 된다.

평범한 사람은 기본적으로 절박한 사람이 많다. 물론, 아무 생각 없는 사람이 훨씬 더 많다. 그들은 평생 동안 평범함에서 머물러 있을 것이다. 그러나 평범하지만 그 평범함을 넘어 비범함으로 도약하고자 하는 사람들은 상당히 절박한 마음을 가지고 있다. 자신의 삶을 반전시켜야 하고 능력은 부족하기 때문에 남들보다 몇 배나 더 열심히 노력하며, 절박한 마음을 가지고 하루하루 매우 열심히 살아간다. 그렇기 때문에 10년이 지나면 평범한 사람과는 확연히 큰 차이를 내며, 20년이 지나면 도저히 따라잡을 수 없는 격차를 내게 된다.

평범한 사람이 비범한 인생으로 변신하려면 그에 걸맞은 노력을 해야 하며, 그 중심에는 절박함이 있다. 대체로 이들은 책을 많이 보며, 책을 많이 보기 때문에 자연스럽게 책을 쓰는 삶으로 연결이 된다고 보인다. 평범한 사람들은 평범하기 때문에 책을 통해서 자신을 증명하고, 세상에 입증해야만 할 필요성이 누구보다도 크다. 소위 성공가도에 있는 사람이라면 오히려 절박함이 떨어질 수 있다. 특히 탄탄대로를 밟아온 사람은 더욱더 그렇다.

책을 쓴다는 것은 자신을 세상에 드러내는 일이다. 기본적으로 힘든 일이다. 그러나 그래야 할 필요성이 있기 때문에 쓰는 것으로, 힘들지만 목적을 위해서 일부러 하는 일이다. 즉, 자신의 존재를 증명하기 위해서 힘든 일을 자처하는 것이다. 그래야 할 이유가 있기에.

평범한 사람은 남들보다 훨씬 더 많은 노력을 해야 한다. 그 수단이 책을 쓰는 것이라고 할 수 있다. 책을 씀으로써 자신을 알려야 할 필요성이 현재 잘나가는 사람보다 훨씬 더 많다. 책을 써서 자신의 내공을, 실력을, 능력을, 가능성을, 비전을 알려야만 인간답게 살아갈 수 있다. 그렇기 때문에 책을 써야 하는 것이다. 이것은 과거의 전통적인 작가들도 마찬가지였다고 보인다. 세상에 자신을 알려야 하고, 자신을 드러내야 하고, 증명해야 하는데 책만 한 수단이 없었던 것이다. 특히 말은 즉흥적이고 깊이가 없다는 점에서 책만 한 수단이 없는 것이다. 또, 신언서판身言書判으로 불리는 인재 판별법 때문에 내공이 있어도 인물이 떨어지면, 말을 못하면, 일단 뒤로 밀려나는 상황 속에서 책만 한 수단이 없었을 것이다.

이것은 지금도 동일하다고 보인다. 남자나 여자나 인물이 떨어지면 일단 주목하지 않는 것이 세상의 이치이다. 그러나 책을 썼다고 한다면, 그것도 좋은 내용의 책을 써서 깊이가 있고 내공이 있는 사람으로 여겨진다면 인물이 떨어져도 사회의 어른으로 대접한다. 그렇지 않은가. 현재는 여러 수단이 있다. 고시 합격과 해외 명문대 유학이 그것이다. 그리고 책을 쓰는 것이다. 그러나 상대적으로 과거보다 고시에 합격하거나 의대를 진학하는 것의 메리트가 떨어졌기 때문에, 또 박사

이후의 진로가 불투명해졌기 때문에 책의 가치는 더 올라갔다.

어쨌든 학벌, 외모, 돈, '말발' 등에서 밀리면 평가를 받지 못하는 상황 속에서 책은 자신의 능력을 입증해줄 거의 유일한 무기라고 할 수 있다. 평범한 사람일수록 책을 써야 한다. 평범하기 때문에 인생을 역전시켜야 한다. 나를 드러내야 한다. 그러나 니의 화려하지 않은 학벌, 고시 출신이 아닌 것, 의사가 아닌 것, 평범한 대기업 사원에 불과한 것, 평범한 중소기업에 다니고 있는 것, 화려한 외모가 아닌 것, 말을 유창하게 하지 못하는 것이라는 평범함 속에서 책을 쓰면 많은 것이 달라진다. 일단 많은 것들이 상쇄된다. 학벌, 외모, 직업 등이 크게 상쇄된다. 이른바 기회가 오는 것이다. 이것은 책이 가져다주는 힘이고 진실이다.

평범하기 때문에 책을 써야 한다. 절박한 마음을 가지고 말이다. 인생을 성공으로 도약시키기 위해 진짜 나의 내공을 내뿜어야 한다. 지금 우리 시대는 실력이 있는 겸손한 사람이 되면 안 된다. 실력도 있고 자랑도 하는 사람이 되어야 한다. 엄밀히 말해 자기 PR이 안 되면 성공은커녕 생존도 어려워질 수 있다. 그런 시대를 우리는 살고 있다. 우리는 책을 씀으로써 번영할 수 있다.

# 책은 내가 원하는 결과와
# 독자의 요구의 절묘한 교집합이다

책을 쓴다는 것은 고된 일이다. 이것은 모든 전업 작가들이 이구동성으로 하는 말일 것이다. 글을 쓰는 일은 기본적으로 노동이다. 나도 책을 쓰기 전에는 마음을 단단히 먹고, 긴장도 많이 한다. 세상을 단절하고, 집중해서 깊은 몰입을 해야만 책을 쓸 수 있고, 오랜 시간 동안 책상 앞에 앉아 있어야 하며, 글의 전체적인 흐름이 일관되어야 하기 때문에 긴장을 한다. 이것은 몸도 힘들고, 마음도 힘든 일이다. 그리고 오래전부터 기획을 정교하게 해야 하고, 제목도 생각해야 한다. 또, 자료 수집도 끝내야 하고, 분석까지도 끝내야 한다. 그리고 머릿속으로 어떻게 재배치를 하여 책을 쓸지까지도 끝내야 하고, 쓰면서도 많은 생각을 해야 한다. 힘들다.

그렇기 때문에 책을 쓰고자 하는 사람은 책 한 권 쓰기가 힘들다는 것을 알고 미리 어떤 목적으로 책을 쓸지에 대해서 깊이 생각을 해보아야 한다. 책을 통해서 얻을 결실이 분명하고 명확해야 한다. 그래야 최대한 집중해서 글을 쓰고, 책을 내고 난 뒤에 원하는 결과를 얻을 수 있다. 결국은 내가 원하는 결과를 책을 통해서 얻어내야만 한다.

책을 통해서 내가 원하는 것을 얻어내려면 역으로 독자들의 요구를 충분히 들어주어야 가능하다. 결국 책은 일종의 거래이다. 내가 높은 수준의 가치를 제공하기 때문에 독자들이 이에 호응하고 책을 사서 읽는 것이다. 생각해보라. 책을 사는 것은 돈이 든다. 읽는 것은 시간이 든다. 인생에서 가장 중요한 두 가지, 시간과 돈이 드는 일이다. 두 가지 가치를 모두 사용해야만 책을 보게 된다. 그만큼 책 선택은 까다롭다는 말이고 이것을 충족하는 것은 어렵다.

그렇기 때문에 내가 원하는 것을 명확히 한 후, 독자들의 요구에 맞는 책인지를 정교하게 기획해야만 한다. 논리적으로 독자들이 책을 사볼 수 있는 이유가 존재해야 한다. 납득 가능해야 한다. 적어도 설명할 수 있어야 한다. 왜 이 책을 사보는지, 왜 이 책을 읽는지에 대해서 설명 가능해야 한다. 그런 이유에 대해서 한 문장으로 간단하게 설명을 할 수 있어야 한다. 그런 설명이 없다면 도대체 어느 누가 책을 사서 읽는단 말인가. 사야하고, 읽기까지 해야 하는데 말이다.

결국 출판기획은 나의 "Wants"와 독자의 "Needs"의 교집합이라고 할 수 있다. 이 둘이 뜨거운 사랑을 해야만 좋은 책이 나올 수 있다. 나 중심으로 책을 써도 안 되고, 독자 중심으로 책을 써도 안 된다. 독자 중심으로 책을 써도 안 되는 것은 그러면 나의 자발성이 사라지기 때문이다. 나의 즐거움이 사라지기 때문이다. 진정한 몰입과 즐거움은 나의 자발성에서 나오며, 내가 사라진 성과는 억만금이 주어진다고 해도 재미가 없는 것이다. 인생은 과정도 아름다워야 하며, 우리의 인생은 사실상 좋은 결과를 얻기 위한 흥미진진한 과정이라고 할 수 있다.

우리는 내가 즐겁고 기쁜 책을 써야 하고, 동시에 독자들의 요구도 만족시켜야 한다. 그래야 재미도 있고, 좋은 결과도 나온다. 이 둘을 절묘하게 조화시켜야 한다. 결국 많은 생각이 필요한 일이다. 나의 장점과 나의 능력들이 사람들의 필요에 부합할 순 없을까에 대해서 많은 고민을 해보아야 한다. 많은 생각을 해보아야 한다. 그럴 때 좋은 기획이 나오고, 그럴 때 좋은 책을 쓸 수 있는 토양이 만들어진다. 이러한 선행 작업은 좋은 씨앗을 얻을 수 있는 밭을 만드는 작업이라고 할 수 있다. 흙이 좋아야 좋은 열매를 얻을 수 있다. 기억해야 할 부분이다.

# 집필에 부담을 느끼면 안 된다.
# 다만, 마음을 단단히 먹어야 한다

기본적으로 책을 한 권 쓰는 일은 몇 번을 이야기하지만 힘든 일이다. 마음을 단단히 먹어야 한다. 그렇지 않으면 중도 포기할 확률이 매우 높다. 인생을 걸고, 반드시 써내야 한다. 못 하면 죽겠다는 각오로 해야 한다. 여기서 포기하면 모든 고생이 물거품이 된다는 생각으로 임해야 하고, 임하면 끝내야 한다. 그렇지 않으면 책을 절대로 출간할 수 없다.

대개의 사람이 책을 출간하지 못하는 이유는 능력이 부족한 것도 있다. 사실, '능력'이 안 되면 책을 못 쓸 수도 있다. 이 능력은 말하기 좀 복잡한 면이 있다. 공부를 하고, 그것을 독자들이 원하는 콘텐츠로 총정리하고, 그것을 알기 쉽고 재미 있는 문체로 만들어내는 일은 '어떤 특정한 능력'이 필요하다고는 표현할 수 없지만, 분명 '능력'이 필요한 일이다. 공부를 해도 단박에 안 되는 사람이 나올 수도 있다. 기본적으로 이 파트에서 능력치가 떨어지는 사람이 있을 수 있고, 또 독서량이 적은 사람은 힘들 수 있다. 내 경험에 의하면 이것은 태생적인 요인이 매우 크다고 보여진다. 즉, 이미 타고난 부분도 있다는 말이다. 다만, 노력으로 극복 가능하며 대신 그 노력이라는 생각보다 훨씬 혹독할 수 있다는 점 또한 말해두고 싶다. 운동이나 공부가 타고난 능력으로 결정되는 측면이 많다는 점을 우리는 인정한다. 그리고 나는 책쓰기도 타고난 능력이 분명 작용한다고 말하고 싶다. 이것은 다양한 경험을 통해서 내가 섬세하게 느끼는 부분이다. 타고난 능력치가 책쓰기에 적합하지 않은 사람도 분명히 있을 수 있다. 노력=100% 성공을 보장하지 않는 이유이다. 그럼에도 우리가 노력을 해야 하는 이유는 알베르 까뮈가 『시지프스의 신화』에서 말했듯이 노력만이 부조리를 극복할 수 있는 유일한 것이기 때문이다. 다만, 스스로 안 되는 사람은 판단을 잘 해야 한다. 그리고 능력이 안 됨에도 이 길에 들어서고자 하는 사람은 진짜 목숨을 걸 것을 말하고 싶다. 보통의 사람이 노력하는 것보다 훨씬 더 노력을 많이 해야 하기 때문이다.

그리고 책을 출간하지 못하는 이유는 책쓰기를 배우지 않아서 시행착오를 많이 겪기 때문일 수도 있다. 그러나 무엇보다도 중요한 것은 각오(혹은 의지, 내가 가장 중요하게 생각하는 부분이다)가 안 되어 있기 때문이다. 힘든 것은 모두가 똑같다. 그러나 해내야 한다고 하면 무조건 해내야 한다. 끝을 보아야 한다. 힘들다면 잠시 휴식을 하거나 어떤 식으로 스트레스를 풀고 끝까지 가야 한다. 그렇지 않고 중도 포기하면 그야말로 아무것도 할 수가 없다.

　나도 처음 책을 쓸 때 너무 힘들었다. 책을 써내는 작업을 하면서 일종의 나의 영혼이 극도의 깊은 곳으로 가는 느낌마저 받았다. 깊이 몰입해서 내 정신이 전혀 다른 세계에 도달해 있는 체험마저도 했다. 정말이지, 힘들었다. 그러나 절대로 자리에서 일어나지 않았다. 좋은 내용의 책을 써야 할 이유가 있었기 때문이다. 당장의 돈을 벌기 위해서가 아니었다. 어머니와 할아버지, 그리고 전한길 선생님에게 당당한 자식, 당당한 제자가 되고 싶었다. 또, 어머니와 조부모님을 실망시켜 드리고 싶지 않다는 강한 열망이 있었다. 그래서 노력했다. 자리에서 일어나지 않았다. 당당한 사회의 구성원으로, 아니 사회의 지도자로 살아가기 위해서 나는 나를 넘어서야 했다. 그리고 넘어섰다.

　글쓰기는 부담을 가지지 말고 그냥 써야 한다. 가볍게 써야 한다. 즉, 그냥 써나가야 한다. 왜냐하면 좋은 글을 쓰려고 하면 단 한 줄도 쓸 수 없기 때문이다. 나도 책을 잘 쓰려고 얼마나 고심했는지 모른다. 그럴 때 나는 단 한 줄도 쓰지 못했다. 나는 2011년 『한 줄 고전』이라는 책을 쓰면서 라이온북스 최태선 대표님에게 그렇게 말한 적이 있다. "책을 잘 쓰려고 하니 단 한 줄의 글도 쓸 수가 없습니다. 그냥 되는 대로 써야겠습니다." 그렇게 말했더니 최 대표님은 웃었다. 그렇게 말하고 나서 글을 막 썼다. 그러니 글이 안 좋았다. 그러나 마구 썼다. 그랬더니 어느샌가 글이 엄청나게 좋아져 있었다. 그리고 흐름을 타고 나서

138

는 단시간에 엄청난 양의 글을 썼고, 그 글은 질이 엄청나게 좋았다. 결국 이 책은 연세대 심리학과 황상민 교수님, 차동엽 신부님, 장정일 교수님 등과 함께 SK그룹 추천도서에 선정되었다. 막 썼고, 그러면서 글이 엄청나게 좋아졌고, 그 후 다시 처음으로 돌아와 처음에 글발이 낮은 글을 다시 고쳐씀으로써 글의 수준을 극도로 높였기 때문이다. 결국 무조건 앞으로 치고 나가야 한다. 망설이면 안 된다. 실수해도 좋다. 치고 나가면서 결과를 내면서 고치면 된다. 그러나 좋은 글을 쓰겠다고 마음먹고 지나친 부담을 가질 경우, 단 한 줄도 쓰지 못하고 평생을 마치게 될 수 있다.

그리고 글을 쓰면 체력적으로도 굉장히 힘들다. 또, 골치가 아프다. 그러나 힘들다고 물러나면 절대로 안 된다. 마음을 단단하게 가지고 해야 한다. 굳은 각오로 반드시 책을 완성하겠다고 생각하고 해야 한다. 그럼, 어떻게 하면 될까? 매일 A4 용지로 5장에서 10장씩만 쓰면 된다. 매일 이 정도만 쓰면 된다. 5장을 쓰면 20일이면 책 한 권이 완성된다. 그러면 7일 정도 원고를 다듬는 데 쓰면 된다. 그리고 10장씩 쓸 경우 10일이면 완성된다. 역시 7일 정도 원고를 다듬는 데 쓰면 된다. 결국 한 달 내에, 약 2주 만에 책 한 권이 완성된다. 할 수 있다. 아니, 절대로 포기하면 안 된다. 왜냐하면 여기에서 포기하면 평생 책을 완성할 수 없기 때문이다. 왜냐하면 지금 힘들어서 잠시 쉬다가 오지라고 생각하고 잠시 쉬고 오면 어떻게 되는 줄 아는가? 또, 자리에 앉아서 글을 쓰면 곧바로 힘들어진다. 그리고 또 쉬고, 또 돌아와서 곧바로 쉬고, 그것이 반복되면서 단 한 줄도 못 쓰게 된다. 힘들어도 이를 악물고 절대로 자리에서 일어나지 않고 반드시 결판을 봐야 한다. 만약 진짜로 스트레스 받아서 글을 쓸 수 없다면 어떻게 해야 할까? 그때에는 단 하루만 '빡세게' 놀고 바로 글을 써야 한다. 왜냐하면 너무 많이 놀면 흐름이 끊기기 때문이다. 사법시험을 준비할 때도 1차 시험을 치고 나서 하루 혹은 이틀만 쉬어야지 너무 많이 놀아버리면 흐름이 끊겨 공부를 할 수 없게 된다. 글도 마찬가지이다. 흐름이 끊겨버리면 끝장이 난다. 이것은 내가 법대 출신이고 친척 중에 변호사도 있기 때문에 아는 것인데, 글도 마찬가지이다. 흐름을 끊으면 안 된다. 단숨에 몰아쳐서 반드시 결과를 내야만 한다. 그렇지 못하면 평생을 가도 결론을 못 낸다. 사법시험도 막판에 엄청난 양의 공부로 총정리를 해야만 합격할 수 있다. 마지막 결승선에서 뒤로 물러서면 아무것도 안 된다. 어떠한 어려움이 있더라도 강하게 치고 나가야 한다. 그것을 못 이기면 평생 패배자로 살아가게 된다. 그것이 시험과, 글쓰기와, 인생의 진실이 아닌가 싶다.

물론, 처음 책을 쓰는 입장에서는 쉬운 일이 아닐 수 있지만, 매일 5장에서 10장만 불과 10일에서 20일만 쓰면 된다. 그러면 새로운 인생이 열린다. 아니, 박사학위를 받는 데는 5년이 걸린다. 사법시험을 공부하는 데는 3년에서 5년이 걸린다. 그것도 매우 빡세게 해야 한다. 그런데 책을 쓰는 것은 10일에서 20일만 참으면 된다. 곰이 사람이 되기 위해서 동굴에서 마늘을 먹고 버틴 것을 기억하며 마지막까지 버텨야 한다. 절대로 포기하면 안 된다. 밀고 나가면 이긴다. 그리고 명심해야 한다. 박사학위를 따는 데는 5년이라는 시간이, 사법시험을 합격하는 데에는 짧게 잡아도 3년이 걸린다는 것을. 그런데 책쓰기는 3개월에서 4개월이면 끝난다. 시간적으로 비교할 수도 없을 정도로 짧다. 그런데 이것도 못한다면 문제가 진짜 심각한 것이다. 그리고 박사학위를 따는 데는 1억원의 돈이, 사법시험을 준비하는 데에도 4~5천만 원의 돈이 필요하다. 그러나 책쓰기는 책을 사보고 책쓰기 학원에 수강을 하더라도 돈이 훨씬 저렴하다. 경제적으로 비교할 수 없을 정도로 돈이 적게 든다. 그러나 책을 쓰고 나면 도약의 폭은 박사학위에 버금가는 힘을 나타낼 수 있다. 열심히 하지 않는다면 비정상이 아닐까 싶다.

책을 한 권 쓰고 나면 그 뿌듯함과 희열은 감동으로 밀려오게 된다. 특히 계약을 하고 책을 내게 되면 세상은 나의 것이 되게 된다. 나는 잘 안다. 일반인에서 저자가 되는 것의 기쁨을! 나도 맨 처음 창해 출판사의 전형배 부사장님에게 "이 정도의 원고면 책으로 내는 것은 아무런 문제가 없겠습니다."라고 육성으로 들었을 때의 감동이 아직도 잊히지 않는다. 매우 기뻤다. 요즘은 출판사 사장님을 만나도 별로 감흥이 없다. 그냥 일상이기 때문이다. 그러나 맨 처음 출판사 사장님을 만났을 때는 매우 기뻤고, 떨렸다. 다산북스 김선식 사장님을 만났을 때도 매우 설렜다. 그 이후 수많은 사람들을 만났다. 수많은 사장님과 편집자 선생님을 만났다. 거의 100명이 넘는 분들을 만났거나 통화를 했다. 이제는 좀 밋밋하지만, 그때는 너무 기쁜 나머지 진짜 춤이라도 추고 싶을 정도였다. 솔직히 처음 좋은 소식을 듣고 나서 펄쩍펄쩍 뛰었다. 온 세상이 마치 나의 것이라도 된 양 기뻤기 때문이다. 아마 여러분도 책을 계약하고 나면 그런 심정일 것이다. 왜냐하면 책을 출간하는 것에 대해서 막연한 불안함을 가지고 있다가 책을 출간하자는 제안을 마구 받게 되면 너무나도 큰 희열이 밀려오기 때문이다. 나 역시도 엄청난 감동을 느꼈다. 아직도 그때의 기억이 생생하다. 나는 진짜 펄쩍펄쩍 뛰었다. 이것은 분명 인생의 대반전을 의미하는 것이다.

일반인의 신분에서 책을 낸 저자의 신분으로, 작가의 신분으로 변화가 되고, 내 이름이 네이버에서 검색이 되고, 신문과 TV에 나올 기회가 열린다는 것은 생각만 해도 환상적인 것이다. 보통 사람인 내가 사회 저명인사의 대열에 들게 되는 것이다. 나는 2011년에 홍성국 대우증권 전무님(지금은 사장님이지만 그 당시에는 직책이 전무였다)을 만났다. 내가 책을 쓴 것으로 맺어진 인연이었다. 그랬더니 나의 은사님인 전한길 선생님은 내게 그렇게 말했다. "네가 작가라서 대기업 전무나 사장과 동급으로 만날 수 있지, 보통 대우증권 사원이 어디 전무와 만날 수 있겠느냐. 그것이 작가의 특권이고 권리이며, 그렇기 때문에 사회의 어른이라는 막중한 책임감을 가지고 살아야 한다."는 말씀을 하셨다. 나는 공감했다. 내가 만약 대우증권 사원이었다면 전무를 만나기는 어려웠을 것이다. 작가는 대기업 사장을 만나고, 국회의원을 만나도 동급으로 만나지 절대로 을의 위치로 만나지 않는다. 나아가 대통령을 만나도 그렇다. 작가가 되는 순간 그렇게 된다. 또, 수많은 사람들이 나를 선생님으로 부르고, 존경심을 가지고 나를 만나러 온다. 지방에 있어도 내려온다. 나의 경우에도 대구에 있었음에도 많은 독자들이 나를 만나기 위해서 대구로 내려왔다. 작가가 되면 인생을 바라보는 관점과 세상을 바라보는 눈 자체가 크게 달라진다.

그러니 참아라. 절대로 포기하지 마라. 포기하면 안 된다. 마음을 단단히 먹고 원고 집필을 끝내야 한다. 절대로 일어나지 마라. 그러나 글이 써지지 않는 날이 있을 것이다. 그럴 때는 글을 쓰지 말고 놀거나 쉬어라. 나도 글이 안 써질 때는 잘 못 썼다. 그럴 때는 그냥 산책을 했다. 수성못을 보면서 앉아 있었다. 수성못에 있는 거위들에게 과자를 주면서 놀았다. 또, 카페에서 음악을 들으면서 앉아 있었다. 그랬다. 그래도 된다. 안 써지는 날에는. 그러다 써질 때 쓰면 된다. 관계없다. 어느 정도 타협해도 된다. 결판만 본다면 말이다. 그러나 반드시 완결을 해야 한다. 아무리 늦어도 한 달 내에, 진짜 늦어도 2달 내에 책 한 권을 완성해야 한다. 이것만은 양보하면 안 된다.

# 독서가에서 작가로
# 한발 더 내딛지 못하는
# 이유가 있다

책을 많이 보는 것은 위대한 일이다. 나는 언제나 그렇게 생각한다. 독서는 거의 진리에 가까운 행위이다. 독서를 하는 일은 거의 예외 없이 위대하고 바람직하다. 심지어 만화책을 보는 일도 위대한 결과를 만들어낸다. 만화책 안에도 사상이나 감정이 있고, 그를 통해서 세상을 읽을 수 있는 힘과 지혜를 주기 때문이다. 그러나 책을 보는 것에만 머무르면 발전이 없다. 유대인은 책의 민족으로 불린다. 책을 많이 보고 토론을 많이 하는 것으로 그들은 성공했다고 해도 과언이 아닐 정도로 책은 그들에게 지대한 영향을 미쳤다. 그리고 책을 많이 본 결과 그들은 인구 9명 중 1명이 작가이다. 왜냐하면 책을 많이 본다는 것은 필연적으로 생각을 많이 하게끔 만들고, 이것은 생각을 복잡하게 만든다. 즉, 머리가 복잡해지는 것이다. 그러면 당연히 글을 통해서 생각을 정리해야 할 필요성이 커진다. 그래서 그들은 책을 쓰고, 그를 통해 그들은 지식의 대폭발, 두뇌의 대폭발을 이룩하고 있다.

책을 많이 읽었음에도 불구하고 작가가 되지 못하는 이유는 단 하나이다. 용기가 없어서이다. 능력의 문제가 아니다. 글자를 읽을 수 있고 말을 할 수 있으면 거의 대부분의 사람들은 책을 쓸 수 있기 때문이다. 기본적인 의사 표현이 가능하다면 대부분의 사람들은 큰 무리 없이 책을 쓸 수 있다. 문제는 용기이다. '내가 과연 책을 쓸 수 있을까. 내가 그런 역량이 될까. 내가 그런 깜냥이 될까.'라는 의기소침이 책을 못 쓰게 만들고, 영원히 독자에 머물게 만든다. 즉, 영원히 지식의 소비자로 남고, 지식의 생산자가 못 되는 것이다. 그럼으로써 지식의 주변부에서만 영원히 머무는 지식의 이방인이 되고 만다.

우리가 책을 읽는 것은 내 생각을 하기 위함이다. 생각을 통해서 우리는 현명해질 수 있다. 지혜로운 삶을 살 수 있다. 또, 내 생각을 하기 때문에 주체적인 삶을 살 수 있다. 독서가는 책을 씀으로써 진일보할 수 있다. 자신의 내공을 증명할 수 있음은 물론, 세상에 자신의 지식을 나누는 좋은 일을 할 수 있다. 그로써 사회에 기여를 하는 것이다. 또, 자신의 지식으로 인해 사람들이 똑똑해지고 현명해짐으로써 사회 전체적으로 발전을 하게 된다. 즉, 사회 발전과 변화의 원동력으로서 역할을 하게 되는 것이다. 물론, 자신의 삶도 크게 달라진다. 왜냐하면 사회에 그만한 기여를 한 사람에 대해서 사회는 반드시 대접을 하기 때문이다. 즉, 자신의 인생은 물론 사회까지 달라지는 일을 하게 되는 것이다. 책을 씀으로써!

대다수의 지식인들은 겸손하다. 내가 이 정도밖에 모르는데 어떻게 책을 쓸 수 있을까라고 생각한다. 그래서 진짜는 오히려 뒤로 숨고, 가짜는 오히려 앞으로 나온다. 왜냐하면 덜 익었지만 자신감만 있으면 용기를 낼 수 있고 그러면 책을 낼 수 있기 때문에 오히려 악화가 양화를 구축하는 것이다. 지식인들의 용기 부족과 겸손함이 이런 일을 만드는 것이다. 물론, 이것은 출판계 전체가 다 그렇다는 것은 아니다. 그러나 그런 면이 있는 것도 사실이다.

결국 용기의 문제이다. '내가 책을 낼 수 있을까?'라는 확신하지 못하는 마음을 걷어내고 책을 써야 한다. 세상의 모든 일은 불확실함에 대한 도전으로 만들어졌고, 그렇게 미지의 영역에 발을 내디딤으로써 현실이 만들어진 것이었다. 소위 개척정신이다. 책을 낸다는 것, 이것은 두렵고 어려운 일이다. 보통 사람인 내가 그렇게 한다는 것은 더더욱 그렇다. 그러나 할 수 있다. 어려운 일이 아니다. 정 어렵다면 좋은 내용의 책을 많이 낸 책쓰기 전문가가 도움을 줄 수도 있다. 그는 숙련되고 노련하다. 풍부한 경험을 갖고 있다. 많은 도움을 줄 수 있다. 그러나 도전의식이 있고 개척정신이 있다면 혼자서도 충분히 책을 쓸 수 있다. 충분히 할 수 있는 일이다. 독서를 많이 했다는 것은 이미 준비가 모두 되어 있다는 것을 뜻하기 때문이다.

왜 독서를 많이 한 것이 책을 쓸 준비가 끝났음을 의미하는 것일까?

첫째, 책을 많이 보았기 때문에 아는 내용이 많다. 아는 내용이 많다는 것은 콘텐츠가 풍부하다는 뜻으로 읽은 책을 중심으로 많은 주제들을 다룰 수 있다. 둘째, 좋은 문장을 많이 접했기 때문에 표현력이 뛰어나다. 책을 많이 보았다는 것은 이미 수많은 좋은 문장들을 눈도장 찍었다는 말이다. 그것이 글을 쓸 때 반드시 나오며, 그렇게 명문장의 글을 쓰게 된다. 셋째, 글쓰기 스타일도 어느 정도 확립되어 있을 가능성이 있다. 책을 많이 보았다는 것은 수많은 작가들의 글을 보았다는 말이다. 그러면 글을 쓰는 스타일도 많이 보았고, 이 속에서 벤치마킹할 대상도 어느 정도 눈도장 찍었다고 볼 수 있다. 눈도장까지는 아니더라도 스캔이 많이 되어 있기 때문에 금방 글을 쓰는 데 접목해서 따라 할 수 있다. 즉, 독서를 했다는 것은 콘텐츠, 글쓰기 방식, 명문장까지 모두 갖추고 있는 뜻이다. 이미 완벽한 준비를 끝냈다는 말이다.

여기에 책을 내는 것을 마무리 짓는 것은 용기이다. 용기를 가지고 한발 내딛는 것이다. 그렇게 앞으로 전진해야 책을 낼 수 있다. 그리고 글을 쓰면서 힘이 들기 때문에 인내와 끈기가 필요하다. 절대로 도망가면 안 된다. 반드시 책을 내야만 한다. 그러면 가능하다. 독서가에서 작가로, 삶의 변신이 가능하다. 그렇게 한 발만 내딛고 책을 출간하면 인생의 많은 것이 달라진다. 작가, 스타, 강연가 등으로 변신해 있고 사회 저명인사가 되게 된다.

# 책을 써야 하는 이유는
# 나의 내공을 세상에 증명해야만
# 하기 때문이다

우리가 책을 써야 하는 이유는 우리의 내공을 증명하기 위해서이다. 가만히 있으면 아무도 몰라주기 때문에 표현을 해야만 하는 것이다. 사랑하는 사람을 얻기 위해서는 내 마음을 잘 표현을 해야만 한다. 그렇지 않고는 상대방이 귀신도 아니고 어떻게 알겠는가. 절대로 모른다. 2016년 중반에 김경수 독자님이 집으로 찾아와서 영화 《인천상륙작전》을 함께 보았다. 그때 작전 중이라 장학수 대위(이정재)가 어머니를 만나지 않고 뒤에서 훔쳐보고 가는 모습과 죽으면서 어머니에 대해서 한 말들, 그리고 승전을 하고 난 후 어머니가 아들이 보이지 않는 상황에서 떨어져 있어도 언제나 아들과 함께 있다는 말을 듣고서 마음이 아파왔다.

서른이 넘은 아들이건만 내가 생각한 만큼 어머니께 효도를 못하고 있다는 생각에서였다. '나는 도대체 뭘 하고 있는 건가!' 하는 생각이 많이 들었다. 굉장히 슬펐다. 화가 나기도 했다. 독자가 찾아와 재미있는 영화를 보았음에도 불구하고 어머니를 생각하니 마음이 너무 아팠다. 이날은 어머니가 대구에서 잠실로 올라온 지 이틀째 되는 날이었다. 그래서 어머니께 내 마음을 표현했다. '아들인 내가 생각한 만큼 크게 성공 못하고 엄마 고생시켜서 너무 마음이 아프다.'는 식으로 이야기를 했다. 그랬더니 어머니는 그렇게 말해주는 것만으로도 고맙다는 말을 했다. 그러면서 표현을 하는 것, 이것이 중요하다고 하시며 표현을 늘 하라고 하셨다. "표현을 하지 않으면 네 마음을 모르니까."라고 말씀하셨다. 지금은 어머니께서 내 걱정을 전혀 하지 않는다고 말할 수 있을 정도로 책이나 강연(강의)이 쏟아지고 있지만, 나는 작가의 삶에 안정은 없다는 것을 늘 가슴에 새기며 팽팽한 긴장감을 갖고 살아가고 있다.

어쨌든 내가 어머니 이야기까지 꺼내는 것은 그만큼 표현이 중요하기 때문이다. 사랑하는 사람을 뜨겁게 사랑하더라도 표현하지 않으면 모른다. 내 실력이 출중하더라도 표현하지 않으면 아무도 모른다. 모르면 그냥 넘어가고, 시간이 지나고, 나는 죽고 만다. 결국 패배이다.

진심이 있다면 반드시 말해야 한다. 지금이 지나고 나면 기회는 없다. 인생에서의 승패도 마찬가지다. 능력이 있다면 말해야 한다. 그래서 인정받아야 한다. 그렇지 않으면 인생은 끝나고 만다. 우리가 승부를 하는 시간은 매우 짧다. 30대와 40대에 실력을 닦고 빛을 내면서 50

대에 결판을 내야 한다. 시간이 길지 않다. 1년은 매우 소중하며, 시간을 잘못 보내면 만회하기가 만만치 않다. 실제로 인생에서 승부를 할 수 있는 총 시간은 서른부터 예순까지 30년에 불과하다. 책쓰기를 지금 당장 실행해야 하는 이유이다.

우리는 결국 나를 알려야 한다. 나의 능력을 입증해야만 한다. 지금까지의 성공의 도구가 학벌이나 고시였다면, 이제는 다양하다. 책도 하나의 수단이 되고, 운동을 잘하는 것, 춤을 잘 추는 것, 요리를 잘하는 것도 하나의 큰 수단이 될 수 있다. 그것으로 사업을 하거나, 스타가 될 수 있다. 그리고 책은 지식을 판매하는 좋은 도구가 된다. 내가 이러한 지식이 있고 능력이 있다는 것을 알리고, 지식인으로 나를 포지셔닝하게 하는 도구가 된다.

만약 불황의 시대가 아니고 호황의 시대였다면, 그래서 자신의 능력을 확실하게 드러내야 할 필요가 없었다면 책쓰기를 하지 않았어도 되었을 것이다. 그러나 지금은 불황이고, 그렇기 때문에 능력 있는 자와 없는 자의 격차가 매우 큰 시대이다. 즉, 자신을 알리는 자는 살아남고, 그러지 않는 자는 도태되는 시대를 살고 있는 것이다. 그 점 때문에 책쓰기를 말하는 것이고, 좋은 내용의 책을 쓰는 것을 말하는 것이다. 왜냐하면 책을 내더라도 좋은 내용의 책을 쓰지 않으면 오히려 책을 출간한 것이 부메랑이 되어 돌아오기 때문이다. 두고두고 내 발목을 잡게 되는 것이다. 그러나 좋은 내용의 책을 쓰면 두고두고 나를 돕는 효자가 되게 된다. 좋은 내용의 책을 쓰면 베스트셀러도, 퍼스널 브랜딩도 보장된다.

책을 쓴다는 것은 자신의 인생에 새로운 드라이브를 거는 것을 의미한다. 그리고 그를 통해 삶의 역사를 새롭게 써나가겠다는 다짐과 각오를 말한다. 웅장한 대서사시를 활짝 열고, 그를 통해 내 삶의 희망과 드라마를 새롭게 써나가겠다는 다부진 마음을 말한다. 이 길을 걸을 자는 결국 용기를 가지고 실행을 하는 사람일 것이다. 그리고 그로써 자신을 만들어가는 사람일 것이다. 이것은 능력의 문제라기보다는 태도와 자세의 문제이다. 책쓰기는 약간의 재능과 의지가 있다면 누구나 할 수 있는 일이다.

# 책을 쓰면 명품을 사고,
# 외제차를 탈 수 있다는 생각은
# 품격이 낮은 생각이다

책을 쓰면 지금 당장 명품을 사고, 외제차를 탈 수 있다는 생각은 품격이 낮은 생각이다. 도대체 책을 무엇이라고 생각하기에 이런 생각을 할 수 있을까. 한심함의 극치라고 할 수 있다.

우리는 책으로 우리를 알려야 한다. 책을 통해서 성공을 거두어야 한다. 그러나 그것은 장인의 마음가짐으로 제대로 된 책을 쓸 때 가능하다. 또, 적어도 3년에서 5년 정도의 길고 긴 시간을 내공을 만들기 위해서 지독하고 고독한 시간을 보낼 때에만 가능하다. 따라서 명품을 사고 외제차를 타기 위해서 책을 쓴다는 마인드라면 절대로 그렇게 할 수가 없다. 오히려 경건한 마음으로 독자들을 진심으로 위하고, 좋은 내용의 책을 써서 세상을 이롭게 하겠다는 수도자와 같은 마음일 때 독자들이 열렬히 반응하고, 그럴 때 돈을 벌 수 있다. 이것은 부자가 되어 돈을 마구 쓰겠다는 마음이 아닌 오히려 오랜 시간 동안 산 속의 수도승처럼 살아가는 삶의 자세에서야 비로소 이루어질 수 있는 일이다. 따라서 경제적으로 크게 성공하고 싶다면 오히려 겸손과 절제 그리고 고독한 연구가 적어도 5년에서 10년은 전제되어야만 한다. 따라서 책을 쓰면 명품을 사고 외제차를 탈 수 있다는 생각을 하고 책을 쓰면 안 되고, 오랜 시간 동안 제대로 된 연구와 노력을 하겠다는 자세가 절대적으로 필요하다고 할 수 있다.

비록 장사에 도움이 되고, 브랜드에 도움이 되기 위해서 책을 쓴다고 하더라도 책에 대한 경건한 마음은 반드시 필요하다. 책을 쓰는 목적이 명품을 사고 외제차를 타기 위해서라는 생각은 그 순서가 잘못되어도 한참 잘못된 것이다. 그것은 작가로서 일가를 이루고, 적어도 조정래급의 대작가 반열에 오르고, 이외수급의 높은 대열에 올랐을 때 생각해야 한다. 그것이 아니라면 본인이 강한 영업력으로 책과 강연판매를 하는 김미경이나 김창옥급으로 올라왔을 때 생각하는 것이 바람직하다. 그러나 실제로는 이러한 영업적인 레벨이 크게 올랐다고 하더라도 돈을 펑펑 쓰는 건 쉬운 일이 아닐 것이다. 왜냐하면 영업력을 갈고 닦고 새로운 강연 콘텐츠를 생산하고 관리하는 것만 해도 코피를 흘릴 정도의 격무를 요할 것이기 때문이다. 사실 진짜 부자는 돈을 쓸 시간도 없고, 그런 것에는 관심을 가지지 않는다. 그렇기 때문에 일본 최고 부자인 소프트뱅크 손정의 회장은 지갑에 한 푼도 안 넣고 다닌다고 하지 않는가! 책을 쓰고 돈을 펑펑 쓰겠다는 생각은 얼마나 주객이 전도된 생각인지 스스로가 깨달았으면 한다.

책은 본래 순수한 마음으로 써야 하며, 비록 장사의 도구로 활용하더라도 그러한 순수함만은 반드시 가지고 있어야 한다. 그래서 좋은 내용의 책을 써서 세상에 도움을 주고 기여를 하겠다는 순수한 진심이 반드시 있어야 한다. 그렇지 않을 때 그 책을 쓴 작가는 3류 막장 작가에 불과하며, 그런 작가는 사회의 암적인 존재가 되게 된다. 왜냐하면 사회의 정신문화에 막대한 영향을 주는 작가의 천박한 정신에 수많은 사람들이 오염될 것이기 때문이다.

작가는 품격이 높은 생각을 하는 사람이며, 사회에 대해 좋은 생각과 가치, 그리고 가르침과 배움을 주는 사람이다. 그런 사람이 돈의 화신이 되어 명품과 외제차를 운운한다면 이 얼마나 한심한 작태라고 할 수 있겠는가! 사실 진짜 부자는 사치하지도 않고 자랑하지도 않으며, 돈을 쓸 시간도 나지 않는다. 그리고 그런 소비적인 것에 빠져 있기보다는 새로운 일을 통해서 생산적인 것을 만들어 내는 데 온 정신이 집중되어 있다. 왜냐하면 그런 태도로 살아가지 않으면 실패를 면치 못하기 때문이다. 진실은 어떠한가? 세계 최고의 기업인 노키아 같은 기업도 망하고 말았다. 1년 매출이 수십조에 이르는 기업도 망하고 말았다. 생산적인 일을 일으켜야 하고, 언제나 변화를 도모하지 않으면, 세계 초일류 기업이 되어도 망하는 것이 진실이다. 그런데 시작부터 소비적인 것에 생각이 팔려 있다니, 이것은 있을 수도, 있어도 안 되는 일이다.

페이스북 CEO 마커 주커버그는 수십조의 돈을 가지고 있지만 똑같은 티셔츠를 입는다. 그는 이렇게 말한다. "티셔츠를 무엇을 입을까를 생각하며 보내버리는 시간은 고객에 대한 기망이고 사치라고 생각한다. 그래서 나는 티셔츠 한 벌만 입는다." 진짜 부자는 사치할 시간도 없고, 생각도 없다. 워렌 버핏은 얼마나 검소한가. 스티브 잡스가 일하는 목적이 명품을 사고 외제차를 사는 것이었는가. 그는 늘 말했다. 문명의 진보를 위해서 일했다고 말이다.

손정의도 문명의 진보를 위해서, 세상 사람들을 웃게 만들기 위해서 일하고 있다고 늘 말해왔고, 그의 정신적 멘토 사카모토 료마 역시 그런 생각으로 살았다. 사카모토 료마는 일본에서 가장 존경받는 인물, 일본에서 1,000년에 한 번 나오는 영웅으로 평가받는다. 또, 스티브 잡스도 문명의 진보를 위해서 자신의 인생을 걸었고, 일을 마치 예술처럼 했었다.

진정한 사업가, 진정한 성공자는 품격이 낮은 생각으로로 살지 않는다. 큰 생각으로 살아간다. 그들은 성공을 추구하지 않는다. 뜻을 추구한다. 세상 모든 사람들의 바람을 이루어주면 자신의 기본적인 욕망도 추구된다는 것을 알고 있기 때문이다. 성공의 진실은 어떠한가. 그러한 하찮은 그릇에 머물면 그러한 생각에 머물게 되고, 그러한 사람들이 모이며, 그러한 결과들만 내게 된다. 그러면 아주 작은 부자나 범죄자가 되게 된다. 범죄를 저질러서라도, 표절을 해서라도 성공해야지라고 생각하게 되는 것이다. 그러면서 사회의 암적 존재가 되는 것이다.

우리는 세상을 위한 순수한 진심으로 책을 써야 한다. 그렇게 진심으로 세상을 위할 때 성공은 반드시 돌아온다. 우리가 아침에 먹는 켈로그 사의 콘프레이크를 만든 사람도 원래는 병원에서 일을 하는 사람이었다. 그는 환자들이 밥을 먹기 힘들어 하는 것을 보고, 그들의 아픔을 덜어주겠다고 결심했으며, 그 결과로 콘프레이크를 만들었다. 그리고 그는 큰 부자가 되었다. 부자는 그러한 진심이 있어서 만들어지는 것이다. 자신이 그 일을 진심으로 좋아하고 사랑하기 때문에, 순수한 진심이 있기 때문에 만들어지는 것이지, 돈을 외쳐서 얻어지는 것이 아니다. 돈독이 오르면 자기 인생만 망치게 된다. 그러한 졸부는 인생에서 진 것이다.

우리는 정의로운 성공을 해야 하고, 정직한 성공을 해야 한다. 그 길을 가야 한다. 삶의 과정 또한 아름다워야 한다. 멋져야 한다. 기쁨이 넘쳐야 한다. 가능하다.

특히 책은 더더욱 그렇다. 책에 사심을 넣어버리면 엉망이 되고 만다. 실제로 세계 최고의 책들은 모두 인생의 절망적인 순간에 나왔으며, 그것은 에고를 버렸기 때문에 가능했다. 에고를 버린 순수함, 그 순수함이 있는 책은 길이길이 빛났으며, 고전이 되어 수백 년 동안 읽혀오고 있다. 그것이 진짜 베스트셀러의 진실이다.

진짜 승부를 해야 한다. 순수하게 세상을 위한 진심으로 승부해야 한다. 그럴 때 나의 길이 열린다. 정직한 승부, 세상을 위한 뜨거운 승부, 진심의 승부를 해나가야 한다. 책이 그렇다.

# 책을 쓰는 것으로
# 나를 성찰하는 것도 의미가 크다

본래 글을 쓴다는 것은 성찰적 의미가 강하다. 글을 쓰면서 본질적으로 인간은 자신을 성찰한다. 자신의 삶을 돌아보고, 자신의 생각을 되짚어보고, 자신이 나아갈 바를 생각해본다. 그리고 우리 사회의 미래에 대해서 많은 생각을 한다. 그러면서 자신의 인생에 대한 성찰은 물론, 사회 변화에 대한 통찰까지 한다. 그것이 글의 본질적인 의미이고, 글을 쓰면 자연스럽게 이렇게 된다. 그렇기 때문에 책을 쓰는 사람은 기본적으로 만만한 사람이 아니다. 기본적으로 생각하는 사람이며, 자신의 생각이 있는 사람이고, 인생과 사회에 대해 늘 고민하는 사람이기 때문이다. 그리고 생각을 하기 때문에 깊은 생각이 있으며, 그렇기 때문에 남다른 행동을 하고, 그렇기 때문에 자신의 삶은 물론 사회까지 변화시켜 지도자로서의 삶을 살게 된다.

글이라는 건 기본적으로 생각을 전개하는 도구이며, 할 말이 아주 많고 깊기 때문에 글을 쓰는 것이다. 세상에 외치고 싶은 말이 너무 많아서 도저히 그 말을 한 번에 할 수가 없기 때문에 긴 호흡인 글을 쓰는 것이다. 이것은 대부분의 전업 작가들이 동의하는 것이라고 생각한다. 결국 글을 쓰지 않고는 못 배기는 순간이 모든 작가들에게는 기본적으로 있다. 나 역시 그렇다. 글을 써야만 하는 순간이란 생각이 많고 할 말이 많기 때문에 그렇다. 그것은 독서를 많이 해서일 수도 있고, 많은 생각을 해서일 수도 있으며, 기본적으로 성향이 그럴 수도 있다. 그러나 어쨌든 간에 생각이 많고 할 말이 많기 때문에 글을 쓰는 것이다. 이것은 그만큼 평소에 많은 생각을 하고 있다는 것을 말한다. 즉, 많은 생각, 남다른 생각이 있다는 것이다.

자신에 대한 성찰은 생각으로 하는 것이며, 생각이 많을 경우 반드시 글을 통해서 정리를 해야만 명확히 정리가 된다는 점에서 글을 쓴다는 것, 나아가 책을 쓴다는 것의 힘은 확인된다.

그래서 책을 쓸 때에는 성공에 초점을 두고 쓰는 것도 좋지만, 자신의 삶을 돌아보고 정리해보는 의미에서도 매우 권하고 싶다. 특히 60대에 접어든 나이라면 자신의 삶을 한 번쯤 정리할 필요성이 누구에게나 있다. 나의 모친께서도 자신의 삶을 정리하는 책을 쓸 것이라고 입버릇처럼 말하고 있으며, 그럼으로써 자신의 삶을 정리하고 성찰하고 싶은 것이리라 생각된다. 자기 스스로 자신의 삶에 대해서 찬찬히 생각하고 정리해봄으로써 자신을 돌아보는 것이다. 마치 오래된 사진첩

들을 모두 보고 정리를 함으로써 과거를 돌아보고 자신을 돌아보는 것
이라고 할까. 그런 의미가 있을 것이다. 또, 그렇게 함으로써 앞으로 남
은 시간들을 보다 밀도 있게 사용할 수 있을 것이다. 자신의 삶에서 잘
한 점은 무엇이고 잘못한 점은 무엇인지를 분명히 되짚어보고 스스로
확인함으로써 앞으로의 삶은 보다 현명하게 살아갈 수 있는 나침반을
제시할 것이기 때문이다. 나의 모친도 그런 의미에서 책을 쓰려고 하
는 것이 아니겠는가 생각하며, 그래서 나도 책 집필을 늘 권하고 있다.

그러나 나는 20대, 30대, 40대일수록 성찰하는 의미의 책을 쓰기를
권하고 싶다. 성공이라는 것은 성찰할 때 할 수 있다. 자신을 되돌아보
는 시간, 반성적으로 살펴보는 시간, 어떻게 살아가야 하는가에 대해
고민하는 시간이 적어도 10년은 되어야 성공으로 갈 수 있다. 그렇게
많은 시간을 성찰로 보낼 때 보다 큰 성공을 추구할 수 있으며, 인생 역
전이 가능할 수 있다.

메가스터디 손주은 대표의 경우에도 우리 시대에 대표적인 자수성
가형 인물로 볼 수 있다. 그는 전 재산이 3만 원인 상황에서 과외, 학원
강사, 학원 사업을 통해서 수천억대의 재산을 일궜다. 그리고 그를 이
렇게 일으켜 세운 것은 성찰이었다. 그는 학원 강사를 살면서 앞으로
어떻게 살아야 하는가에 대해 10년에 가까운 시간 동안 성찰을 했다.
끊임없이 생각과 고민을 하면서 살았던 것이다. 그리고 그 결과로 나
온 것이 메가스터디 창업이었다. 그리고 메가스터디는 단숨에 업계 1
위가 되었고 한때는 주식으로도 대장주로 등극할 정도로 성장했다. 그

는 성찰을 하면서 많은 생각을 했을 것이다. 가령, 다음과 같은 생각을 했을 것이다.

1) 나는 어떻게 살아가야 하는가!
2) 앞으로의 시대는 무엇으로 승부해야 하는가!
3) 나의 기질, 성향 등에 맞는 최고의 선택은 무엇인가!
4) 진짜 나를 속이지 않는 선택은 무엇인가!

그는 그런 생각들을 하면서 자신에게 맞는 최고의 선택을 했고, 좋은 결과를 낼 수 있었다. 성찰이 힘을 발휘하려면 10년 정도의 시간이 필요하다고 생각된다. 또, 무엇을 하든 좋은 성과를 내려면 10년 정도의 시간이 필요하다고 생각한다. 물론, 최선을 다했을 때는 단기간에 가능할 수도 있지만, 완전히 무르익으려면 10년의 시간이 필요하다고 본다.

우리는 잘 살아야 한다. 잘 살기 위해선 생각을 많이 해보아야 한다. 자기 자신을, 인생을, 미래를, 사회를 많이 살펴보는 시간이 필요하다. 나는 그 수단이 글이고 책쓰기라고 생각한다. 좋은 수단이기 때문이다. 우리는 성찰해야 한다. 성찰하는 인간은 강하며, 결국 성공으로 나아가며, 그 성공도 작은 졸부가 아닌 대장부다운 성공, 큰 성공을 지향하기 때문이다.

# 성공? 하지 않아도
# 잘 살아갈 수 있다는 마음도
# 반드시 필요하다

책쓰기를 성공을 위한 도구로 활용하고, 자신을 알리기 위한 도구로 활용하라고 하니 성공을 반드시 해야만 한다고 생각할 수도 있겠다. 물론, 성공은 해야 한다. 성공을 싫어하는 사람은 없고, 돈을 싫어하는 사람도 없다. 모두가 부유하게 살고 싶어 하고, 편안하게 살고 싶어 한다. 그것은 당연한 것이며, 인간의 태초의 욕망이었다.

잘 살고자 하는 인간의 마음은 옳은 것이며 이는 진리에 가까운 것이다. 그러나 성공을 하지 않아도 잘 살아갈 수 있다는 마음도 반드시 필요하다. 우리 모두가 성공할 수는 없다. 모두가 20억이 넘는 집에 살 수 없고, 모두가 풍족한 삶을 살 수도 없다. 상당수의 사람들은 서민으로 살아야 하며, 평생 10억 원의 돈을 만져보지 못하고 죽는다.

책을 쓰더라도 많은 사람들은 부자의 대열에 합류하지 못할 수도 있다. 100명이면 100명 모두 성공한다는 것은 존재할 수 없다. 예외 없는 법칙은 없듯이 늘 예외가 있다. "책쓰기=성공"으로 생각하는 것은 바람직하지 않으며, 잘못된 생각이라고 할 수 있다. 성공에 도움을 받을 수는 있지만, 성공이 보장되는 것은 아니며, 생각만큼 좋은 결과가 나오지 않을 수도 있다.

수많은 전업 작가들이 있지만 모두가 잘 사는 것은 아니지 않는가. 또, 전업 작가를 하다가 수많은 사람들이 생업으로 돌아가고 있지 않은가. 그 점은 작가의 세계가 녹록지 않다는 것을 말한다. 또한, 강사를 한다고 하지만, 그 또한 엄청난 경쟁이 있지를 않겠는가. 역시 다른 분야의 생업에서 승부를 거는 것만큼 힘들다고 보아야 한다. 그래서 한국의 어떤 신문에서는 전업 작가를 하는 것은 대통령 하는 것만큼 힘들다고 헤드라인을 쓰지 않았나 말이다. 그만큼 힘들다.

그렇기 때문에 책을 써서 부자가 된다고 확정적으로 말하는 것은 잘못된 것이며, 글을 통해서 무언가를 도모하지만 시간이 많이 걸리고, 생각한 것보다 좋은 결과가 나오지 않을 수도 있다는 것을 각오하고 가야 한다. 과거 나의 할아버지께서는 일제 강점기 때 일본의 일류 인력거꾼의 이야기를 들려주셨다. 일류 인력거꾼은 인력거의 속도가 다른 인력거꾼보다 월등히 빨랐기 때문에 인기가 좋았고, 일류로 불렸다. 그는 손님을 태울 때마다 항상 손님에게 물어보았다고 한다. "각오는 되셨습니까?" 이 말은 무슨 뜻일까? 이 말은 "죽을 각오가 되셨습니까?"라는 말이라고 한다. 즉, '속도가 다른 인력거꾼들보다 월등히 빠

르니 가다가 자빠지면 즉사를 하는데, 그 죽음을 각오하고 있습니까?’
라는 질문이었다. 물론, 그렇게 되면 손님도 죽지만 인력거꾼도 죽는
다. 그 일류 인력거꾼은 비록 인력거를 끌지만 항상 목숨을 걸고 죽을
각오를 하며 인력거를 끌었고, 손님 역시도 죽을 가능성이 있으니 각
오를 항상 물어보았다고 한다. 할아버지는 그 이야기를 내게 하시며
항상 "죽을 각오로 하라! 각오가 되어야 큰 성공을 할 수 있다."고 하시
며 늘 내게 "상민이 너는 각오가 되어 있느냐? 각오가 되어 있겠지!"라
는 말씀을 하셨다. 비록 인력거이지만 최고는 죽을 각오로 한다.

나는 책쓰기도 마찬가지라고 본다. 죽을 각오를 하고 써야 한다. 실
패를 할 수도 있다는 각오, 인생 역전을 꿈꾸지만 상당히 오랫동안 힘
들어서 쓸개즙을 삼키며 시간을 보내야 할 수도 있다는 마음가짐이 필
요하다. 이렇게 화려한 비상을 꿈꾸다가 죽을 수도 있다는 각오도 해
야 한다. 뜻하지 않는 사고란 늘 있으며 그것이 내 인생에 없으리라는
보장은 없다. 그런 각오도 없이 성공이 100% 보장된다고 생각하고 책
을 쓴다면 당장 책쓰기를 집어치우라고 "경고"하고 싶다. 책쓰기 판이
그렇게 호락호락하지 않으며 인생 또한 쉬운 성공을 결코 허락하지 않
기 때문이다. 책을 써서 화려한 비상을 꿈꾸지만 그렇게 되지 않을 수
도 있고, 그때에는 겸허히 모든 것을 받아들이겠다는 각오를 한 이후
에 책을 써야만 한다. 그래야 성공을 할 수 있다. 왜냐하면 글을 써서,
강연을 해서 성공하는 데까지는 적어도 10년 이상이 걸리기 때문이다.

죽음을 각오하고 살아야 한다. 매사에 그래야 한다. 일을 하나 할 때

죽음을 각오하고 해야 한다. 그런 정신으로 지금 하고 있는 일을 해야 한다. 지금 바리스타로 일하고 있다면 목숨을 걸고 커피를 만들어내야 한다. 커피 하나에 내 목숨이 달려 있다고 생각하고 일해야 한다. 왜냐하면 그렇게 커피 한 잔을 잘못 만들면 손님이 오지 않고, 손님이 계속해서 오지 않으면 내 인생이 송두리째 뽑혀버리기 때문이다. 커피 한 잔이지만, 그 한 잔은 내 인생의 전부인 것이다.

책도 마찬가지이다. 책을 쓸 때 목숨을 걸고 써야 한다. 죽음을 각오하고 써야 한다. 이 책을 잘못 쓸 경우 내 인생이 끝난다는 것을 생각하고 써야 한다. 그런 각오를 하고 써야 한다. 그런 각오가 없다면 시작하지 말 것을 강력하게 경고하고 싶다. 그런 물러터진 생각으로는 아무것도 할 수 없으니 말이다. 더군다나 책을 쓴다는 것은 불가능하니 말이다.

반드시 기억해두어야 한다. 책을 써서도 당장의 삶이 달라지지 않을 가능성이 높다는 것을 말이다. 인생은 생각보다 힘들며, 그 힘든 시간을 오랫동안 버텨내야 한다는 것을 말이다. 그리고 즐겨야 한다는 것을 말이다. 각오가 단단해야 한다. 이 시간들을 모조리 삼켜버리고 계속 앞으로 가는 정신이 필요하다. 나는 지금 그런 각오로 살고 있고, 살아가고 있다. 그렇기 때문에 10년 동안 전업 작가 생활을 해올 수 있었다. 앞으로도 여전히 힘든 광야 생활을 할 것을 생각하고 있으며, 그렇기 때문에 나는 성공을 확신할 수 있다. 왜냐하면 이렇게 광야에서 버티고 견디면 반드시 태양을 볼 날은 오기 때문이다. 대부분의 사람들이 실패하는 이유는 이 어렵고 힘든 시간을 못 버티고 그 판을 떠나버리기 때문이다. 일이 힘들면 잠시 스트레스를 풀고 끝까지 버티고 견디면서 일을 해야만 한다. 그렇게 시간을 오랫동안 보내야 한다. 그래야 무언가를 만들 수 있다. 그것이 일의 진실이고, 성공의 진실이다.

책을 쓴다는 것은 정신을 가지고 싸우는 진검 승부이다. 내 정신이 흔들리거나, 나약하면 안 된다. 지금 당장의 제삿밥을 탐내면 안 된다. 돈? 못 벌 수도 있다고 생각하고 강인한 마음을 가지고 가야 한다. 어떤 유혹에도 흔들리면 안 된다. 무조건 가야 한다. 각오를 가지고 가야 한다. 그래서 승리를 쟁취해내야 한다. 그 길은 힘들다. 그러나 그것이 인생이다.

우리는 실패를 할 수도 있음을, 그럼에도 견디면 좋은 날이 올 수 있음을 믿고 가야 한다. 그리고 만에 하나 그 시간이 생각보다 길수도 있음을 알아야 한다. 정약용 또한 귀양살이를 20년씩 했고, 신영복 선생도 감옥에서 20년씩 살았다. 보통 사람이면 자살을 했을 것이다. 그러나 그들은 견뎠고, 그랬기에 위대해질 수 있었다. 20년은 길다. 하지만 못 견딜 시간은 아니다. 절망하지 말아야 한다. 만델라 대통령도 오랫동안 감옥에 있었고, KFC 창업주도 70세가 넘어서야 빛을 볼 수 있었다. 김대중 대통령도 죽을 고비를 넘기고 대통령이 되었다. 오래 걸릴 수도 있다. 힘들 수 있다. 각오를 단단히 해야 한다. 버텨야 한다. 끝까지 가야 한다. 그래야 빛을 볼 수 있다. 그 점을 명심한다면, 책을 쓰면 좋은 날이 올 것이라 굳게 믿는다.

# 연애를 좋아하는 내가
# 집필을 위해 9년간 연애를
# 완전히 끊어버렸다


용기가 있는 자는 가장 중요한 것을 위해 두 번째, 세 번째 중요한 것을 포기할 수 있는 자이다. 이것은 나의 스승 전한길 선생님이 내게 자주 하던 말이다.

연애를 싫어하는 사람은 흔치 않을 것이다. 왜냐하면 연애를 하는 것은 욕망의 바로미터이기 때문이다. 20대 초반 시절, 나도 불타는 사랑을 했었다. 열정이 있었고 낭만이 있었다. 매일 데이트를 한 적도 있었고, 이별의 아픔으로 6개월 동안 넋 놓고 아무것도 못하던 때도 있었다. 사랑을 잊지 못해 헤어지고 2년이 넘은 후 다시 그녀를 만나러 가기도 했었다. 함께 즐거운 시간을 보냈고, 수많은 편지들을 주고받았다. 수백 통의 편지들을…….

솔직히 난 연애가 좋았다. 행복했고 즐거웠기 때문이다. 그러나 작가를 결심한 이후, 도저히 할 수가 없었다. 왜냐하면 내게는 중요한 목표가 있었기 때문이다. 독서가, 그리고 작가의 꿈이 그것이었다. 난 시간이 아까웠다. 친구들의, 지인들의 연락이 무척 싫었다. 경멸할 정도로 싫었다. 왜냐하면 책을 읽으면 초반에는 집중력을 발휘하기 힘들다. 한참 읽으면 고도의 집중력이 발휘되는데 그때 전화가 와서 집중력이 깨지면 진짜로 엄청나게 화가 난다. 다시 그 상태로 들어가는 데 시간이 걸리기 때문이다. 그렇게 하루에 2~3통만 전화가 오면 화가 머리끝까지 치솟는다. 내 인생을 말아먹었다는 생각까지 들 정도였다. 그래서 전화가 싫었고 화가 났다. 만나는 것은 더더욱 싫었다. 그렇게 낭비할 시간이 없었다. 나의 피 같은 젊음을 그렇게 쓸데없는 시시한 이야기를 하며 낭비하는 것이 나는 싫었고, 두려웠다. 그렇게 젊음을 보내버릴 경우, 내 미래는 완전히 박살이 난다고 생각했다. 나의 부모가 부자인가. 그렇다고 장동건보다 잘생긴 미남인가, 키가 큰가, 하버드대를 나왔는가. 사회적으로 내세울 것은 눈곱만큼도 없는 내가, 내가 원하는 삶을 살려면 남달라야 했다.

나는 두려운 마음과 경건한 마음으로 책을 보았다. 마치 예수님을 대하듯 책을 대했다. 종교적 믿음으로 책을 보았다. 책을 보면 내 미래가 달라질 것을 종교적 믿음을 가지고 보았다. 그러니까 확신이었다. 책을 보면 구원받을 수 있다는 일종의 종교적 믿음으로 보았기 때문이다. 그랬는데, 그런 신성한 시간을 보내고 있는데, 내 인생을 바꿀 중요한 시간을 보내고 있는데, 친구들을 만날 수는 없었다. 지인들과 시시덕거리고 있을 순 없었다. 이것은 신성모독이라고 생각했고, 천벌을 받을 일이라고 생각했다.

연애도 마찬가지였다. 친구보다 연애는 에너지 분산이 더 심하다. 만나는 시간은 일주일에 5시간 정도라고 해도, 통화를 하는 시간도 있고, 문자를 주고받는 시간도 있고, 그 사람을 생각하는 시간도 있기 때문에 이것은 도저히 답이 나오지 않는 것이었다. 특히나 이별은 감당하기 어려운 문제였다. 밀당도 해야 하고, 여러모로 신경을 써야 하는데, 이것은 내게는 있을 수 없는 일이었다. 그래서 잠시 연애를 미뤄두자고 생각했다. 그리고 내가 사는 것이 너무 바빴다.

글을 쓰는 데 뭐가 그리 바쁘냐고 생각할 수도 있지만, 무척 바빴다. 아니, 정신이 없을 정도로 바쁘고, 솔직히 10년의 시간이 그냥 번개처럼 지나가 버렸다. 10년이 그냥 번개처럼, 눈 깜짝할 사이에 지나가 버렸다. 왜 그런가. 2008년에 책을 쓰면서 6개월을 썼다. 2009년부터 2011년까지는 책과 다큐멘터리를 보면서 3년을 보냈다. 이때는 진짜 장난이 아니었다. 하루 종일 책을 보고 다큐멘터리를 보느라 아무 생각이 없었다. 마치 고시 공부하듯이 하루에 10시간 이상씩 책상에 앉아 있었다. 최대한 집중해서 읽고, 줄 치고, 다큐멘터리 보고 생각하고, 정리하고 하는 시간으로 보냈다. 하루 종일 집에 있었다. 유일한 낙은 옆집의 진돗개를 보면서 "진돗개, 진돗개"라고 부르는 시간이었다. 남들은 집에서 노는 줄 알고, 책을 낼 수 없겠다는 소리도 하고, 집안에서는 할아버지, 할머니가 몸이 편찮으셔서 병원에 입원하고…… 정신이 없었다. 그리고 2011년부터 2013년까지 3년간은 책을 쓰느라 정신이 없었다. 이때는 출간을 하는 것이 전쟁이었다. 단 한 번도 책을 못 낸 적은 없지만 항상 긴장을 하면서 책을 썼다. 그렇게 하면서 책을 10권 이상을 썼다. 공부하고, 책 쓰고, 진짜 너무 힘들고 바빴다. 이때는 몸에 문제가 생기는 듯하여 헬스클럽도 부지런히 다녔다. 매일 아침 10시에 헬스클럽에 가서 낮 12시까지 운동을 하고, 12시부터 저녁 12~2시까지 매일 책을 보고 글을 썼다. 그렇게 하면서 책을 쓰는 시간을 정신없이 보냈다. 이때는 책을 쓰면서 수많은 출판사 사장님과 편집자들도 서울과 대구에서 만나는 일도 병행했다. 마케팅은 전혀 하지 않았다. 오직 책 보고, 책 쓰는 생활만 했다. 그랬더니 정신이 너무 없는 듯했다. 나를 돌아보는 시간이 필요했고, 지식을 정리하는 시간이 필요했다. 그래서 2014년에 제주도에서 1년을 보냈다. 거기에서도 일을 조금은 해야 했다. 생활비에 충당하기 위해서였다. 3개월은 알바를 했다. 나머지 5개월은 여행을 하고, 도서관에서 책을 보고, 한라산을 등반하고, 중문 해수욕장에서 수영을 하는 시간을 보냈다. 제주도 곳곳을 다녔고, 그러면서 많은 생각을 했다. 바다를 보면서 수시간 동안 앉아 있는 시간을 참 많이도 보냈다. 한라산의 녹음을 보면서 마음을 안정시켰던 시간을 많이 보냈다. 오토바이를 타면서 자유를 만났다. 서른한 살, 처음으로 오토바이를 몰아보았다. 그렇게 시간을 보냈다. 그리고 2015년 대구에 돌아와서 책을 썼다. 그리고 많은 생각을 했고, 2권의 책을 집필했다. 출간은 2016년이 되었다. 그리고 2016년 2월 29일, 서울에 올라왔다. 서유럽 15개국을 여행했고, 수많은 일들을 진행했다. 진짜 잠을 자지도 못할 정도로 일을 했다. 하루 2시간씩 자고 일한 적도 많다. 서울에서 수많은 강의를 열었고, 들었다. 수많은 사람들을 만났다. 연세대 심리학과 황상민 교수님의 팟캐스트에 패널로 한 달간 참여하기도 했다. 회사를 세웠고, 직원을 뽑았다. 충무로에 살다가 잠실로 이사를 했다. 지방 강의도 했고, 군 부대 강의도 했고, 인천에서 강의도 했다. 진짜 엄청나게 바빴다. 그렇게 보낸 시간이 10년이다. 그랬기 때문에, 연애를 할 시간이 없었다. 그냥 쭉 가버렸다.

책쓰기를 시작한다면, 적어도 1년간은 절제해야 한다. 친구를 만나는 일을 하면 안 되고, 연애를 하고 있는 사람이라면 자주 만나선 안 된다. 또, 연애를 시작하지 않은 사람은 연애를 시작하지 말 것을 권하고 싶다. 책쓰기가 이것저것 다 하면서 할 수 있는 것이 아니기 때문이다. 가장 중요한 것을 위해서 그다음 중요한 것을 모조리 다 포기할 수 있어야 한다. 전쟁에 나가서 어머니가 걱정이 되고, 처자식이 걱정되는 것은 당연한 일이다. 그러나 모두 잊어야 한다. 전쟁에 나갔다면 전쟁 외에는 모두 잊어야만 전쟁에서 이길 수 있다. 어머니가 걱정되고, 처자식이 걱정된다면 차라리 항복을 하고 노예를 선택함이 마땅하다. 왜냐하면 결코 전쟁에서 이길 수 없고, 그런 마음가짐으로 전쟁을 했다가는 자신의 병사들을 모조리 쳐 죽일 수밖에 없기 때문이다. 자신만 죽으면 되지, 왜 병사까지 죽이나. 스스로 항복함이 마땅하다.

우리는 인생에 대한 책임을 져야 한다. 진지하고 경건한 마음으로 살아가야 한다. 할 때는 좀 제대로 해야 한다. 할 거면 제대로 하고, 안 할 거면 시작도 하지 말아야 한다. 제일 나쁜 것이 어영부영 대충 하는 것이다. 이러면 진짜 온갖 민폐를 끼치게 된다. 부모님께 몹쓸 자식이 되고, 자식에게 못난 부모가 된다. 이렇게 살면 안 된다. 양심을 걸고 열심히 해야 한다.

나라고 왜 연애를 하지 않고 싶었겠는가. 나라고 왜 친구를 만나고 싶지 않았겠는가. 나라고 왜 놀고 싶지 않았겠는가. 그러나 나는 모조리 칼로 다 베어버렸다. 그것을 베지 못할 때 내 목을 스스로 베어야 함을 알고 있었기 때문이다. 그런 정신 자세로는 삶을 완전히 망칠 것을 알고 있었다. 그런 것으로는 대한민국 땅에서 인간다운 삶을, 내가 원하는 삶을 살 수 없다는 걸 알고 있었다. 그래서 모조리 베어버렸다. 그래야 하는가. 그래야 한다. 그렇지 않으면 원하는 삶을 살 수 없다. 물론, 평범한 소시민의 삶도 나쁜 것이 아니다. 월급 200만 원을 받고, 오순도순 식구들끼리 사는 삶도 나쁘지 않다. 좋다. 그러나 나는 평범한 삶은 진짜로 살고 싶지가 않았다. 내게는 그런 피가 흐르고 있었다. 나의 아버지, 나의 어머니는 그런 피를 내게 물려주셨다. 그래서 힘든 길을 걸어왔다. 지나보니 지난 10년이 번개처럼 지나갔지만, 죽을 고비를 몇 번을 넘길 정도로 힘들었다.

내 고생담을 말하려는 것이 아니다. 책쓰기의 진실을 말하고자 함이다. 책을 쓰려면 제대로 해야 한다. 절제하고, 열심히 해야 한다. 독해야 한다. 지면 안 된다. 세상에 져선 안 되고, 나 자신에게도 져선 안 된

다. 이겨야 한다. 반드시 이기는 삶을 살아야 한다. 세상을 변화시키는
위대한 삶을 살아야 한다. 할 수 있다. 그것은 내 결단으로 시작될 수
있다.



다. 이겨야 한다. 반드시 이기는 삶을 살아야 한다. 세상을 변화시키는

# 책을 쓰고 난 후,
# 현재진행형으로 하루하루
# 성장하고 있는 삶을 즐겨라

수많은 책쓰기 강사들은 장밋빛 미래만 말한다. 이것은 사기에 가까운 행위이며 통렬한 반성이 있어야만 한다고 생각한다. 책 1권을 써서 지금 당장의 삶이 엄청나게 달라지는 일은 거의 없다. 그렇게 되려면 다각도의 많은 노력이 필요하며, 그 다음 책쓰기도 해서 또 책을 출간해야만 한다. 사실상, 책으로 내가 원하는 캠브리지대 장하준 교수, 시골의사 박경철, 스타강사 김미경 급으로 올라서려면 10년 정도의 시간이 필요하다. 단번에 될 수는 없다.

수많은 성공한 작가들도 10년 이상 엄청난 고생을 했으며, 소설가 조정래 선생 역시도 전업 작가가 힘들어 오랜 시간 다른 일을 하다가 우회하여 전업 작가 세계로 들어왔다. 나는 2014년 제주 신라호텔에서 조정래 선생을 만난 적이 있는데, 그때 선생은 내게 "처음부터 전업 작가를 할 수 있는 사람은 없어!"라고 말했다. 선생은 미래의 전업 작가들의 생활, 특히 장편소설가의 생활에 대한 걱정이 많으셨다. IT로 불리는 스마트폰 세계의 힘에 대해서도 염려하셨다.

책을 써서 당장의 삶이 달라지거나, 당장 무언가를 이룬다고 생각하면 절대로 안 된다. 그러면 조급증에 빠져서 아무것도 못한다. 실제로 시간이 필요하다. 생각보다 그 시간은 길 수도 있고 짧을 수도 있지만 시간이 필요하다. 성장에는 시간이 필요하기 때문이다.

한국은 급속한 경제 성장을 이룩한 나라이다. 얼마 만에 성장을 했는가. 30년 만이다. 30년 만에 일어섰는데, 급속한 성장을 이룩한 나라로 불린다. 다른 나라는? 100년 이상, 200년 정도 걸렸다. 한 국가가 일어서는 데 이 정도의 시간이 걸린다. 그렇다면 한 개인은? 개인도 차이는 있지만, 어떤 분야든 자리를 잡고 성장을 하는 데 최소 3년에서 10년 정도 걸린다. 3년을 하면 일의 전반적인 것을 모두 파악하는 단계이며, 9년에서 10년이 되면 전문가로 불릴 수 있는 수준으로 올라선다. 그리고 20년이 지나면 장인의 경지에 올라서게 된다. 물론, 수련에 끝이 있는가? 없다. 그래서 공자도 70살이 넘어서도 공부를 했다. 다만, 책쓰기는, 예술은, 사업은 독이 바짝 올랐을 때 가장 큰 힘이 나온다. 그래서 전업 작가들은 초기의 작품들이 대체로 빛이 난다. 그때가 헝그리 정신과 투지로 빛나기 때문이다. 그래서 30대에 가장 좋은 작품들이 나온다. 그러나 어느 정도 자리를 잡고 나면 헝그리 정신이 사라지기 때문에 밋밋해진다.

조정래 선생의 소설 『정글만리』도 많이 팔리기는 했지만, 책의 내용이 조정래 소설이 쓴 책 중에서 가장 밋밋했다는 평가들이 많다. 다름 아닌 헝그리 정신과 투지, 그리고 젊음에서 나오는 강인한 힘이 떨어지기 때문이라고 생각된다. 물론, 조정래 선생은 국민작가이고 대작가이며 한국을 대표하는 대들보와 같은 작가이다. 그러나 그런 큰 작가조차도 나이가 들고 헝그리 정신이 없으면 밋밋한 글이 나오는 것이 예술과 인생의 본질이다.

그렇기 때문에 힘들고 괴로운 지금 우리, 우리의 젊은 시기가 아름다운 것이다. 가장 최고의 작품이 나올 모든 준비가 되어 있는 때이다. 김대중 대통령이 대통령 선거운동을 할 때 "준비된 대통령"이라는 말을 썼는데, 우리는 그런 면에서 "준비된 베스트셀러 작가"인 셈이다.

인간은 헝그리 정신과 투지, 삶에 대한 팽팽한 긴장감을 잃으면 수직 낙하한다. 그대로 폭삭 주저앉고 만다. 정신이 죽으면 몸도 죽고, 모든 표현도 다 죽는다. 인간의 나이란 정신 자세에 따라서 나온다. 따라서 정신이 살아 있으면 여전히 강한 힘을 내뿜는다. 그 힘은 좀 힘이 들고 괴로워야 한다. 그래서 외국에서는 좋은 작가 중에 일부러 막노동을 하고 몸을 고생시키는 작가도 있다. 그렇게 해야만 좋은 글이 나온다는 믿음 때문이다.

책을 내자마자 연봉 10억 원 정도로 성공하는 일은 극히 드문 일이다. 그러나 수많은 기회의 확장은 분명히 있다고 자신 있게 말할 수 있다. 평범한 사람이 저명인사로, 작가로, 강연가로 변신하면서 삶의 기회가 확장되며 이것은 지금 한국 사회에서 사법시험 합격이나 의대졸업, 혹은 대학교수 임용 정도, 연예인 혹은 스포츠인으로의 성공 외에는 사실상 없다고 볼 수 있다는 점을 생각할 때, 책쓰기의 가치는 엄청나다고 할 수 있다.

책쓰기로 성공하는 일은 장기적인 방향을 보고 가야만 한다. 시간이 필연적으로 걸리기 때문이다. 책을 쓰고 강연을 하고, 1인 기업의 대표로 자리를 잡기까지는 무수히 많은 난관이 기다리고 있다. 나 또한 10년이 넘는 시간 동안 수많은 난관을 넘어왔다.

단기 속성으로 성공하는 것은 없다. 스타들도 죽을 듯이 노력하여 10년이라는 시간이 걸렸다. 그 점을 명심해야 한다. 그렇기 때문에 책쓰기=지금 당장의 벼락성공이 아니며, 오랜 시간 동안 참고 인내하며 성장해가는 것이 책쓰기의 본질이다. 이것이 바른 책쓰기 강사가 말하는 정직한 말이다.

세상이 먹고살기 어렵다고 해서 정직하지 않게 책을 쓰자마자 곧바로 성공한다고 말하면 안 된다. 이것은 양심을 파는 것이 아닌가. 오랜 시간이 걸린다. 명심해야 한다.

따라서 책을 쓰고 나서 감사함을 배워야 한다. 감사한 마음으로 하루하루 성장함을 즐겨야 한다. 그래야 전투에서는 지고 전쟁에서 이기는 위대한 장군이 되게 된다.

몇 달 전 박춘희 송파구청장님을 송파구청장실에서 만난 적이 있다. 내가 만남을 청하여 만나게 되었다. 개인적으로 꼭 만나보고 싶은 선생님이었다. 37세에 사법시험 공부를 시작해 49세에 합격한 분이다. 무려 13년을 고시 공부를 한 분이다. 30대 후반과 40대의 거의 전부를 고시 공부로 보낸 분이다. 나는 법대 출신이다. 주위에 사법시험에 합격한 선배들을 알고 있고, 그들이 공부하는 것을 바로 옆에서 지켜보았다. 사법시험은 녹록한 시험이 아니다. 매일매일 놀면서 붙을 수 있는 시험이 아니며, 1년 중 단 하루도 흐트러지지 않고 공부를 해야만 합격할 수 있다. 비록 10년을 공부했다고 해도 떨어질 수 있는 시험이며, 마지막 정리를 확실하게 하고, 마지막 기간에는 소나기를 퍼붓듯이 공부해서 암기를 해야만 한다. 그렇지 않으면 떨어진다.

따라서 박춘희 선생도 무척 공부를 열심히 하며 지냈을 것이다. 그것도 10년 넘게 말이다. 일종의 수양이다. 작은 고시원 방에서 그렇게 지낸 것이다. 나는 어떻게 선생이 10년이 넘는 시간을 버텨냈는지 궁금했다. 왜냐하면 나 역시 그런 터널을 통과하는 기분을 겪을 때가 많아서 그의 지혜를 빌려 내 삶에 적용하고 싶었기 때문이다. 그래서 물었다. "그 시간을 어떻게 버틸 수 있었습니까?" 그랬더니 선생은 이렇게 말했다. "감사와 기도의 힘입니다."

감사와 기도의 힘이라니, 이것이 무슨 말일까. 선생은 늘

기도를 했다고 말했다. 그러면서 하나님 안에서 있었다고 한다. 그리고 늘 감사하려고 했다고 한다. 그래서 항상 행복한 마음을 유지하려고 했다고 한다. 그렇게 10년간 치열하고 독하게 공부를 한 것이었다.

앞의 사진은 선생을 만나고 이야기를 나눈 뒤에 송파구청장실에서 함께 찍은 사진이다. 지금 선생의 얼굴을 보면 매우 편안하다. 그 중심에는 감사와 기도가 있었다. 그렇다. 그러한 편안함은 감사와 기도에서 나온다.

우리도 그렇다. 우리가 책을 쓰고 나서 힘을 가질 수가 있다. 오랜 시간 동안 고통을 견뎌내야만 하기 때문이다. 그럴 때 우리는 감사함을 가지고 나가야 한다. 그럴 때 10년의 시간을 버텨낼 수 있다. 그리고 성공에 이를 수 있다.

혹자는 내게 이렇게 반문할지도 모르겠다. "아니, 책을 쓰고 나서 10년씩 고생을 해야 합니까? 그렇다면 우리가 책을 써야 하는 이유가 무엇입니까? 우리는 편하고 쉽게 성공하려고 책을 쓰려고 하는 건데 이러면 도대체 왜 책을 써야 하는 것입니까?"

그럼, 나는 이렇게 답하고 싶다. "여러분, 잘못 생각하고 있습니다. 여러분이 대기업에 들어갔다고 해보세요. 대기업에서 상무가 되는 데 몇 년이 걸리죠? 20년입니다. 그러면 상무로 인생이 보장이 되는가요? 아닙니다. 전무 정도는 되어야 보장이 되죠. 전무가 되려면 시간이 22년에서 25년이 걸립니다. 그리고 적어도 500명에서 1,000명 중에 1명만 전무가 됩니다. 그러면 책을 생각해봅시다. 책은 쓰고 나서 10년이면 빠른 겁니까, 늦은 겁니까? 빠르죠. 그리고 책을 쓰면 성공 확률이 전무보다 높을까요, 낮을까요? 당연히 높습니다. 훨씬 높습니다. 그러면, 이것이 유리한 싸움입니까, 불리한 싸움입니까? 당연히 유리한 싸움입니다. 적어도 대기업에서 전무가 되는 것보다는 훨씬 더 유리한 싸움입니다. 여러분이 직장 생활을 하든, 사업을 하든 적어도 20년이 지나야 본 궤도에 오릅니다. 그것도 아주 치열하게 보냈을 때 말입니다. 사업은요? 더하면 더했지, 절대로 덜하지 않습니다. 그럼, 작가는요? 이런 분들보다 사회적으로 더 우위에 있거나 적어도 대등한 위치가 아닌가요? 그렇다면 그에 걸맞은 고생을 하라는 겁니다. 고통을 감수하라는 겁니다. 그 정도 각오도 없이 책을 쓰려고 했나요? 고생은 싫다고요? 그럼, 절대로 책을 쓰지 마세요. 당신은 절대로 책으로 성공할 수 없으니까요! 명심하세요! 책으로 성공하고자 한다면 단 1권의 책으로 성공하겠다는 생각을 버리고 긴 시간과 눈물겨운 노력이 반드시 필요합니다. 그러한 피와 땀과 눈물의 대가가 성공이지, 몇 개월 책쓰기를 했다고 대박을 거둔다는 것은 있을 수 없는 일입니다. 물론, 그 사람의 내공이 대한민국 상위 1%급으로 확실하다는 전제가 있다면, 혹은 그 사람의 직위가 대한민국 상위 1%급으로 드러나 있다면, 단 1권의 책으로도 엄청난 반전이 있을 것입니다. 즉, 성공의 이유가 확실한 사람은 반드시 큰 반전이 나타납니다. 그러나 평범한 사람이 성공하고 싶은 마음만 있다면 반전을 이루는 데는 그만한 시간과 노력이 필요합니다. 내공이 있어야만 빛을 볼 수 있는 것이 세상사의 근본이치이기 때문입니다."

　여러분은 책을 쓰고 나서 오히려 더 힘든 시간을 보내야 한다. 결국 감사함을 가지고 나아가야 한다. 감사한 마음을 가지고 하루하루 성장을 즐겨야 한다. 돈을 받지 않더라도 강연을 가야 하고, 자신을 알려야 하고, 재능기부를 해야 한다. 때로는 책이 팔리지 않는 상황도 지켜보아야 한다. 때로는 강연이 들어오지 않는 상황도 지켜보아야 한다. 그러나 절대로 기죽지 말고 앞으로 가라. 그러면 반드시 기회가 올 것이다. 내가 산증인이다.

　삶과 성공은 정직하고 공평한 것이다. 크게 보면 그렇다. 타고난 부자 역시도 긴장하지 않으면 한순간에 무너진다. 절대적으로 공평한 것이 삶이다. 내가 지금 힘들더라도 죽을 듯이 노력하면 반드시 기회가 온다. 그것이 삶이다. 실망할 필요가 전혀 없다. 37세에 고시 공부를 해서 49세에 합격해서도 현재 재선 송파구청장을 하고 있는 박춘희 선생을 보면서 나아가라. 내 하기에 따라 달라지는 것, 그것이 인생이다. 책 쓰기! 이것은 무겁고 경건해야 한다. 그리고 묵직한 승부수를 던져야 한다. 적어도 10년 이상을 걸어가는 고행을 해야 한다. 그래야 한다.

# 책의 본질은 예술이고,
# 자유로운 생각과 자유를
# 만끽하는 삶을 사는 것이다

기본적으로 전업 작가는 '팔자소관'으로 보인다. 전업으로 글을 쓰며 사는 것, 전업으로 예술을 하며 사는 것, 적어도 10년이 넘고 20년이 넘어서까지도 이 삶을 사는 것은 결국은 운명이며, 팔자소관으로 보인다. 미술국전에서 대상을 받고 홍익대 미대에서 박사 학위를 받고 전업 화가를 하고 있는 정창균 선생은 내가 "어떻게 전업 화가를 하고 있습니까?"라고 물으니 "다, 팔자소관이지요!"라고 대답했다. 그 말은 정답이다. 나도 내 삶을 운명으로 느낄 때가 많다. 9년간 연애를 하지 않는 삶을 나는 고등학교 때는 상상도 못했다. 내가 글을 쓰며 살 거라니, 나는 장래희망에 작가라는 말을 한 번도 한 적이 없었다. 더군다나 전업 작가라니!

다만, 내가 이 삶을 지향하는 것은 본질적으로 자유에 대한 갈망 때문이다. 나는 출근하고 퇴근하는 삶이 싫고, 남 밑에서 이래라저래라 하는 말을 듣기 싫다. 내 시간을 내 마음대로 쓰고 싶다. 놀 때는 하염 없이 놀고 싶고, 일할 때는 폭발적으로 일하고 싶다. 내 성과를 내가 내고 싶고, 무엇보다도 내 결과물이 있는 일을 하고 싶다. 나는 나의 일을 하고 싶다. 나는 기본적으로 그런 성향이다. 그래서 나는 대학 시절 단 한 번도 대기업이나 공기업에 들어가야겠다는 생각을 해본 적이 없다. 내 성에 차지 않을뿐더러 성향에도 맞지 않는 것이다.

물론, 나도 고등학교 때 가난할 때는 경찰대학교에 들어가고 싶다는 생각을 한 적이 있다. 조직 속에서도 잘할 자신이 있었고, 가난했으니까! 하지만, 부자가 아니라 최소한 먹고 살 정도가 되면 나는 내 삶을 살고 싶다. 지금도 그렇고, 앞으로도 그렇다. 기본적으로 남 밑에서 무언가를 쫓기듯이 사는 삶을 살고 싶지 않다. 내가 내 삶을 책임지는 것이 힘이 들더라도 나는 내 삶을 주체적으로 살고 싶다.

그렇다. 책은 기본적으로 자유로움이다. 책을 쓰는 삶은 자유를 추구하는 삶이다. 조직에서 벗어나 내가 내 삶을 살아가는 삶이다. 책을 쓰겠다는 것은 내 시간을 내 마음대로 쓰는 삶을 살겠다는 의지 표명을 말한다. 출퇴근을 하지 않고 내 삶을 자발적으로 살겠다는 것을 말한다. 내가 일한 만큼, 내가 만들어낸 성과만큼 돈을 벌겠다는 것을 말한다. 내 삶을 온전히 내 것으로 채우는 것을 말한다. 글이 잘 써질 때는 하루 종일 글을 쓰며, 몇 달이고 글을 쓰는 삶을 말한다. 그러다 힘이 들고 슬럼프가 오고 휴식이 필요할 때는 1년 정도 과감하게 제주도에서 지내는 삶을 말한다. 1년 정도 세계여행을 하고 오는 삶을 말한다. 그리고 그 재료로 다시 책을 써서 세상 사람들을 놀라게 하는 삶을 말한다. 그렇게 하면서 삶을 나답게 살아가는 것을 말한다. 삶을 마치 시처럼, 소설처럼 사는 것을 말하는 것이다.

나는 작가를 하겠다는 사람은 기본적으로 빈센트 반 고흐의 마인드가 필요하다고 생각한다. 진정한 예술을 추구하는 고매한 정신 말이다. 그래서 나는 페이스북 배경화면도 고흐의 「별 헤는 밤」으로 설정을 해두고 있다. 그의 정신을 배우기 위해서이다. 진정한 예술을 추구하는 사람이라면 자유를 사랑한다. 또, 순수한 마음이 있다. 세상을 위하는 정직함이 있다. 그런 정신으로 삶을 불꽃처럼 살아가야 한다. 그런 생각, 마인드가 필요하다.

물론, 요즘에는 피카소와 같은 자세도 필요하다. 상업적으로 돈을 벌지 않으면 살아갈 수 없는 자본주의 사회에서 패배하면 안 되기 때문이다. 그렇게 순수한 예술혼을 불태우되, 상업으로 나갔을 때는 반드시 고객 만족을 통해서 좋은 성과들을 달성해내야 한다. 그래서 때로는 여우처럼, 때로는 사자처럼 나가서 결과를 내야 한다. 절대로 지면 안 된다. 합법적인 테두리 내에서 할 수 있는 모든 일을 해나가야 한다. 그래서 반드시 상업적으로도 대성공을 거둬야 한다. 이것은 순수한 예술혼이 빛나기 위한 조건이기도 하다. 우리는 승리를 통해서 우리가 가지고 있는 지식과 열정을 세상을 위해서 활짝 꽃피워야 하며, 그것이 진정한 사회 기여가 된다.

본질적으로 우리는 잘 살아야 한다. 그리고 책을 쓰는 일을 하는 만큼 순수한 자세도 지켜나가야 한다. 정직함과 양심, 순수함을 잃는 순간 작가로서의 기본이 사라지는 것이다. 그리고 상업적으로도 대성공을 거두어 우리의 지식과 열정이 세상 곳곳에 전파되어야 한다.

자유, 이것은 책의 본질이다. 책 쓰는 사람은 기본적으로 자유를 즐기는 사람이어야 한다. 자유로운 삶 속에서 거대한 결과들을 달성해내는 사람이어야 한다. 스스로 자발적으로 일하는 사람이어야 하고, 자발적으로 일하는 것이 적성에도 맞아야 한다. 자기 주관이 강해야 하고, 꺾이지 않는 고집이 있어야 한다. 기본적으로 책으로 쓰는 사람은 자기 생각이 매우 확고한 사람이다. 그러나 유연해야 한다. 그래야 넓고 깊게 건져 올릴 수 있다.

이 장에서는 자유에 대해서 말했다. 자유는 작가와 책쓰기의 본질이기 때문이다. 출퇴근이 없는 삶이니 좋다고 생각할 수 있다. 피곤하지 않은 삶을 사니 좋다고 생각할 수 있다. 맞다. 좋다. 옳은 말이다. 직장 생활은 피곤하고 힘드니 말이다. 해방감이 밀려온다. 나도 카페에서 하루 종일 책을 쓴다. 나의 사무실은 언제나 아름다운 카페들이었다. 나는 도시를 쭉 둘러보고 가장 멋진 카페에서만 책을 쓴다. 그러면서 그 시간을 즐긴다. 행복하다. 기분이 좋다.

그러나 언제나 좋은 것을 얻으면 그 대가를 톡톡히 치러야 한다. 언제나 좋은 책을 써야 하는 고민, 출간과 판매에 대한 고민, 강연 준비 등으로 바쁘다. 책도 항상 목숨 걸고 쓴다. 활자로 새겨진 뒤 수많은 독자들의 삶을 바꾸는 것이 책이다. 그에 대한 무거운 책임감을 안고 나는 언제나 목숨 걸고 책을 쓴다.

나는 책쓰기의 모든 것을 보여주고, 이 책에서는 국내의 모든 책쓰기 강사가 말했던 내용을 포함해, 말하지 않은 모든 내용까지 담아내려고 노력했다. 그래서 이 한 권만 읽으면 대한민국에 존재하는 모든 책쓰기 책을 섭렵한 것보다 훨씬 더 많은 것을 알게 하고자 한다. 그래서 수많은 책쓰기 강사가 놓쳤거나 일부러 말하지 않았던 것들에 대해서도 많이 이야기를 하고 있다. 자유와 자유에 따른 대가도 그중 하나이다. 독자들은 내가 책을 쓰면서 치러야 할 대가와 책임에 대해서도 말을 하니 부담을 느낄 수도 있겠지만, 책쓰기와 삶의 진실을 알아야 한다. 그렇게 해야만 충분한 준비를 할 수 있고, 그래야 이길 수 있기 때문이다. 무작정 편한 삶을 추구해선 안 된다. 어렵고 힘들게 보내야만 전쟁에서 승리할 수 있다. 그렇다. 지금 힘들더라도 제대로 된 진실을 접하고, 독한 마음을 가지고 혹독한 시간을 보내야 한다. 그래야 전쟁에서 대승을 거둘 수 있다. 지금 편하게 보내면 반드시 그 대가가 온다. 인생이란 항상 그렇다. 이 책은 진실과 양심을 담고 있다. 도움이 되었으면 한다.

# 작가는 삶의 모든 것이
# 공부가 된다

책을 쓴다는 것은 기본적으로 공부를 하는 삶을 말한다. 나는 공부가 재미있다. 이렇게 말하면 나를 두고 "밥맛"이라고 말하는 사람이 있을지도 모르겠다. 그러나 일반적으로 말하는 수험 공부는 나도 싫다. 각종 시험, 무언가를 암기해서 테스트하는 시험을 공부하는 것은 진정한 공부가 아니다. 내가 말하는 공부는 무언가를 배우는 것을 말한다. 그래서 내가 말하는 공부는 전방위적이다. 사람과 이야기를 나누는 것도 공부이고, 내 생각을 정리하는 것도 공부이며, 커피를 마시며 생각에 잠기는 것도 공부이다. 길을 걸으며 하늘을 바라보며 세상을 느끼는 것도 공부이며, 영화나 드라마를 보면서 인간에 대해 생각하는 것도 공부이다. 그러니까 내가 말하는 공부는 보다 본질적인 것, 보다 근본적인 것을 의미한다. 나는 이 공부가 좋다.

나는 어릴 때부터 호기심이 많았다. 궁금한 것을 못 참는 성격이었다. 그래서 어릴 때에는 곤충학자인 파브르와 발명가인 에디슨과 같은 삶을 동경하기도 했다. 그래서 실제 장래희망으로 발명가를 하고 싶기도 했다. 무언가에 질문을 던지고, 호기심을 끝까지 추구하면 반드시 남다르고 독특한 결론이 나오기 때문에 재미가 있었다. 나는 과학도 흥미가 꽤 있었다. 그리고 과학적 사고에 자신이 있었다. 언제나 질문하고 답변하는 것이 좋았다.

대학에 입학한 후 책을 많이 보고, 본질적으로 책을 보는 삶을 추구한 것도 따지고 보면 호기심 때문이었다. 세상을 알고 싶다는 호기심이 나를 이끈 근본적인 축이었다. 그리고 나는 그 축을 따라서 책을 보았고, 오늘날까지 밀고 온 결과 전업 작가라는 삶을 만들어낼 수 있었다. 책을 보고 글을 쓰며 강연하는 삶을 살고 있는 것이다.

기본적으로 글을 쓰려는 사람은 지적 호기심이 충만해야 한다. 언제나 공부를 해야 한다. 공부하는 것이 습관이어야 하고, 좋아해야 한다. 그래야 좋은 글을 쓸 수 있다. 결국 책은 콘텐츠이고, 콘텐츠는 공부에서 나온다. 이 과정을 진심으로 즐겨야 한다. 그렇지 않으면 좋은 작가가 되기 어렵다. 이것은 암기가 아니라, 남다른 생각을 해야 한다. 그러기 위해선 호기심을 가지고 남다른 탐구 내지 추적을 해야 한다. 그러면서 생각을 하더라도 다른 생각을 하고, 계속해서 실험적인 사고를 할 수 있어야 한다. 그래야 남다른 생각이 나오고, 그것을 담아냈을 때 남다른 책이 나온다. 물론, 수많은 공부를 통해서 자료를 모으고, 그것을 효과적으로 편집하는 자체도 훌륭한 창조물을 탄생시키는 기반이 된다. 결국 우리는 공부를 통해서 자료를 모으고, 그것을 나의 시각으로 재창조함으로써 창조물을 만들고, 책을 만든다. 모든 예술과 과학은 그렇게 탄생했고, 그렇게 함으로써 문명의 진보마저도 이루어진다.

책쓰기를 하려는 사람은 자신이 쓰고자 하는 분야의 책을 정하되, 공부를 많이 해야 한다. 또, 그 파트로 자신이 나아가고자 할 것이므로, 그 분야에서는 귀신이 되어야 한다. 적어도 한국을 대표하는 사람이 된다고 굳게 결심해야 한다. 그런 뒤에 진짜로 그렇게 되어야 한다. 그 정도는 되어야 저자로서, 작가로서 성공적인 삶을 살아갈 수 있다. 나 역시 어떤 분야의 책을 쓸 때 적어도 국내 1위가 되고자 하는 마음을 강렬하게 가지고 혼신의 노력을 다한다. 그렇게 했기 때문에 출간한 책의 무려 70%가 공신력 있는 단체에서 인정을 받을 수 있었던 것이다. 한국 전체를 찾아보더라도 출간한 책의 70%가 공신력 있는 단체에서 인정을 받은 책쓰기 강사는 단 1명도 없고, 전업 작가를 보더라도 많지 않다. 나는 그런 자신감이 있으며, 그런 자신감은 처음부터 대한민국을 대표하는 국민 작가 지향하며 글을 썼기 때문이다. 그리고 그에 걸맞은 노력을 실천했기 때문이다.

여러분도 책을 쓴다면 그래야 한다. 최고의 전문가가 되어야 한다. 국내 1인자가 되어야 한다는 말이다. 2인자, 3인자는 꿈도 꾸지 말아야 한다. 그것은 패배한 것이다. 그런 정신 자세와 태도는 절대로 해서는 안 될 일이다. 반드시 1인자가 되어야 한다. 반드시!

결국 그러려면 공부를 열심히 해야 하고, 즐겨야 한다. 내가 쓰고자 하는 책, 가고자 하는 분야에서는 적어도 국내 1위가 되어야 하며, 나아가 세계 1위가 되겠다는 단호한 결심을 하고, 결행을 하라. 그러면 길이 열린다. 결국 책은 공부이다. 공부를 즐겨야 한다.

나는 기본적으로 다치바나 다카시와 같은 잡식성 지식 섭렵가이며, 그 길을 지금까지 걸어오고 있다. 그리고 세상의 온갖 내용들이 알고 싶기 때문에 앞으로도 이 길을 걸을 듯하다.

여러분은 여러분의 컬러가 있어야 한다. 그 컬러대로 색깔을 정하고, 그 길에 목숨을 걸고 매진해야 한다. 공부에 일가견이 있어야 한다. 이 공부는 학벌과는 전혀 상관이 없다. 내가 가고자 하는 분야에서 최고 전문가적 지식이므로 그렇다. 그러므로 용기를 가지고 매진해야 한다. 힘을 내야 한다. 그래야 하는가? 그래야 한다. 공부는 책의 심장이다.

# 출간기획서는
# 어떻게 써야 하는 것인가

책을 쓰고 나면 출간기획서를 써야 한다. 출간기획서의 형식을 제시하고자 한다.

## 1) 제목

- 먼저 제목이 들어가야 한다.
- 제목은 본제도 넣고, 부제도 넣는 것이 좋다.
- 부제는 본제를 뒷받침하여 설명하기 때문이다.

## 2) 저자 소개

- 저자 소개는 매우 중요한 부분이다.
- 책과 저자의 경력 관련성이 높아야 한다.

－ 저자 소개는 주관적인 내용은 빼고 객관적인 경력 중심으로 넣어
야 한다.

－ 객관적인 팩트에 반응하는 것이 출판사와 독자이다.


## 3) 분야

－ 분야에 대해서 기재를 해야 한다.

－ 에세이인지, 자기계발서인지, 인문서인지를 말한다.


## 4) 시장 환경 및 기획 의도

－ 출판시장 속에서 내 원고의 강점에 대해서 설명한다.

－ 이 원고의 기획에 대해서 설명한다.

－ 기획은 왜 책을 쓰게 되었는지, 이 책의 판매 포인트는 어디에 있
는지를 쓴다.

－ 인간의 어떤 욕망을 건드리고 있고, 그렇기 때문에 판매가 된다는
식으로 쓴다.

－ 출판기획은 인간의 본질에 중점을 두고 해야 한다.


## 5) 타깃 독자층

－ 누가 이 책을 읽을 것인지, 왜 읽을 것인지 설명한다.

－ 결국 책은 타깃 독자층 중심으로 써야 한다.

－ 타깃 독자층이 광범위하면 안 된다.

## 6) 핵심 콘셉트

— 이 책에 대해서 한마디로 정리를 해보아야 한다.

— 간략하게 설명할 수 없다면 안 된다.


## 7) 유사 도서 및 경쟁 도서 분석

— 유사 도서와 경쟁 도서에 대해서 분석해서 적는다.

— 이것은 책을 다 읽어보지 않아도 된다. 책의 콘셉트로 분석하는 것이다.

— 읽어보는 편이 읽지 않는 것보다 집필에도 도움이 된다. 하지만, 반드시 읽을 필요는 없다.


## 8) 책 판매를 위해 본인이 할 수 있는 것들

— 모든 수단과 방법을 동원해서 판매를 할 수 있다는 것을 설득해야 한다.

— 말도 안 되는 내용을 적으면 안 되고, 구체적이고 실행 가능한 이야기를 해야 한다.


## 9) 원고의 장점 및 차별점

— 내 원고의 장점과 차별점에 대해서 구체적으로 말한다.

— 내 원고만의 차별성이 뚜렷하면 할수록 좋다.

### 10) 원고 투고

- 반드시 원고 전체를 투고하도록 한다.

- 일부 원고만 투고해서 계약을 할 수도 있지만 도중에 출간이 안 될 확률이 매우 높다.

- 원고의 양이 많은 건 문제가 되지 않지만 적은 건 반드시 문제가 된다.

- 원고의 양은 A4 용지, 10포인트를 기준으로 100장~110장이 되면 250~270장의 책이 된다.

- A4 용지 1장이 책으로 만들면 2.5장이 된다는 점을 기억하면 된다.


이것은 출간기획서의 기본적인 형식이다. 이 형식대로 써도 되고, 이것을 문장으로 풀어서 써도 된다. 그 샘플로서 나의 출간기획서를 첨부하고자 한다.


## 1.『일자리 전쟁』 — 청년정신 출판사

- 이 책은 디플레이션을 관점으로 이 시대를 진단하는 책으로써, 포커스는 20대의 취업난에 맞추고 있습니다만, 그것을 풀어내기 위해 이 세상 전체의 일을 다루었습니다. 그래서 사실상 이 책의 메시지는 이 세상 전체의 이야기입니다.

─이 책은 표면적으로는 20대의 취업난의 이유를 설명하는 책입니다. 그러나 지금 이 세상이 왜 살기가 어려운 시대인가를 근본적으로 밝히기 위해 이 세상의 모든 면을 살피면서 집필을 하였습니다. 따라서 이 책은 근본적으로 현재 세상의 구성 원리에 대한 이야기입니다. 일종의 거대담론이라고 할 수 있습니다. 그리고 세상 전체의 이야기를 풀어가야 했기에 경제적인 것뿐만 아니라 정치, 사회, 경제, 문화, 기술적 요소를 모두 아우르면서 적었습니다. 그래서 책은 상당히 광범위하고, 심층적입니다.

─이 책은 질의 깊이뿐만 아니라 양도 방대합니다. 이 원고는 경제 분야/경영 분야/역사 분야/철학 분야/과학기술 분야/정치 분야가 골고루 들어가 있습니다. 따라서 원고의 양이 많다면 경제/경영/역사/철학 등으로 분리를 해서 내는 것도 하나의 방법이 될 수 있다고 생각합니다.

─타깃 독자층은 반드시 20대여야 할 필요는 없을 것입니다. 책을 쓸 때 표면적으로 내세운 것은 20대이나, 30대, 40대, 50대도 타깃 독자층으로서 가능할 것입니다. 그리고 타깃 독자에 맞게 제목과 목차는 수정이 가능할 것입니다. 왜냐하면 내용 자체가 이 세상 전체의 이야기를 담고 있기 때문에 어떤 식으로 포지셔닝을 해도 소화를 할 수 있기 때문입니다. 그래서 [10년 후 일자리 전쟁]이

194

라는 제목으로 바꾸어보았고, 그에 맞추어 목차도 바꾸어보았습니다. 내용은 목차에 맞게 재배치를 하거나 뺄 부분은 빼고, 추가할 부분은 일부 추가하면 될 것입니다.

― 문체나 다소 어렵게 표현한 부분은 손을 보면 된다고 생각합니다. 그리고 원고의 내용을 줄이는 것은 다소 중요하지 않은 부분이나, 부연설명 부분을 삭제하면 된다고 생각합니다. 목차 전체를 날리는 방법도 있다고 생각합니다. 그리고 내용을 살려가고자 한다면 분권을 해서 1권·2권으로 내는 방법도 있다고 생각합니다.

― 출판사에서 고민하는 것이 저자의 나이가 아직 어리고, 경력이 약하다는 것입니다. 그런 부분은 추천을 받거나, 전문가의 감수를 받으면 어느 정도 상쇄가 될 수 있지 않겠나 하는 생각이 있습니다.

― 지금 현재 『10년 후 미래』가 경제 분야 베스트셀러 1위인데, 그것보다는 『10년 후 일자리 전쟁』이 현재의 시대에 더 필요한 책이라고 생각합니다.

## 2. 『나이 서른에 책 3,000권을 읽어봤더니』
### ─ 아이웰콘텐츠 출판사

**① 원고 소개**

1) 이 책은 서른 살에 3,000여권의 책을 독서하고, 10권이 넘는 책을 집필한 작가 본인의 경험을 살려 집필한 독서 에세이입니다.

2) 이 책은 독서에 대한 다양한 생각들을 담고 있습니다. 작가 본인이 3,000권의 책을 직접 읽으면서 느끼고 배웠던 생각들을 담고 있습니다.

3) 이 책은 독서에 대한 다양한 생각들을 담았다는 점에서, 독서 초심자와 다독가 모두에게 도움이 될 것입니다. 독서법이라는 독서 방법론은 당연히 담았고, 독서를 하는 사람이라면 누구나 느끼고 생각해보았을 법한 의문을 풀면서 독서의 본질을 다루었습니다.

4) 한국이라는 토양에서 3,000권의 독서라는 임상실험을 체험하면서 겪고 배웠던 다양한 생각들과 가르침은 분명 한국적 토양에서 독서를 하는 독자들에게 도움이 될 것으로 생각됩니다.

5) 이 책은 영역 면에서 독서 에세이면서, 독서에 대한 개인적인 생각을 담은 수필이면서, 실용적인 독서방법론을 다룬 실용서이면서, 인간과 세상의 본질을 다룬 인문서이면서, 독서에 대한 다양한 느낌과 배울 점을 전한다는 점에서 자기계발서가 될 것이라고 생각합니다.

1) 서른, 나는 지금까지 3,000권의 책을 읽어왔다.

2) 서른, 나는 지금까지 3,000권의 독서를 했다.

## 3.『독서 자본』- 서울문화사 출판사

1) 이 원고는 독서법 책입니다.

2) 저의 전작인『나이 서른에 책 3,000권을 읽어봤더니』를 본 독자 분들의 독서법 집필에 대한 요구를 받고 집필한 원고입니다.

3) 이 원고는 제가 그동안 전부 직접 실천해본 방법들입니다.

4) 1,000권 미만을 읽은 독서 초급자, 1,000권에서 2,500권을 읽은 독서 중급자, 3,000권 이상을 읽은 독서 고급자로 나누어 그들에게 독서법을 안내하였습니다.

5) 책을 고르는 방법은 독자 분들의 문의가 많은 사항이어서 정리를 했습니다.

6) 속독법의 경우 독서 중급과 고급 단계에서 반드시 필요한 부분이 기 때문에 정리를 했습니다.

7) 독자 분들에게 반드시 필요한 독서법만 다루었다는 특징이 있습니다.

8) 책의 양을 적절하게 맞추기 위해서 목차별로 원고량을 적정하게

유지하려고 했습니다.

9) 저자가 한국이라는 땅에서 직접 몸으로 실행해본 독서법을 담았다는 특징이 있습니다.

10) 전작인 『나이 서른에 책 3,000권을 읽어봤더니』의 실천편이라는 의미를 담고 있습니다.

11) 군더더기는 빼고 독자들이 반드시 알아야 할 내용만 압축적으로 담았다는 특징이 있습니다.

12) 각 원고별로 요약본을 마지막 부분에서 5가지 내외로 정리를 했습니다.

13) 기타 안내 사항은 책의 프롤로그를 보시면 됩니다.

14) 현재 원고는 프롤로그, 본문, 에필로그까지 모두 완성된 최종 완성본입니다.

15) 책의 제목은 "이상민의 3,000권 실천 독서법"으로 생각하고 있습니다.

## 4. 『맙소사 아직도 대학이라니』 — 책이있는마을 출판사

— 이 책을 집필한 이유는 한국 대학 교육의 병폐가 그 도를 넘어섰기 때문입니다. 한국인들은 교육에 모든 것을 걸고도 전혀 미래를 기대할 수 없는 민족이 되었습니다. 그리고 한국의 부모님들은 초·

중 · 고교에 걸쳐 자식들에게 온갖 지극정성을 들이지만 대학에 가서 모든 것이 망가져 나오는 자식들을 보며 눈물을 흘리고 있습니다. 한국의 대학생들은 수많은 백수들 중의 하나가 될 가능성이 높으며, 대학에서는 전공 공부와 취업 공부를 따로 하고 있는 실정입니다. 제 책의 본문 중에서 이렇게 적은 글이 있습니다. 그대로 붙이도록 하겠습니다.

❝ 본문 141~143P 中: 나는 대학에 진학할 필요가 없음이 현실화된 상황에서 굳이 대학에 가서 시간과 돈을 날릴 필요는 없다는 생각 때문에 이 책을 쓰게 되었다. 그리고 대학이 자신의 역할을 충실히 하지 못하고 있다는 생각 때문에 이 책을 쓰게 되었다. 그리고 대한민국의 모든 학부모들의 자식에 대한 피땀 어린 노력이 모두 대학에 가서 무너진다는 현실이 안타까워 이 책을 쓰게 되었다. 대학을 나와 직장을 잡지 못하는 대학생들이 너무나 많은 현실이 안타까워 이 책을 쓰게 되었다. 미래는 분명 대학이 필요 없는 시대가 될 것임을 생각하게 되면서 이 책을 쓰게 되었다. 아니, 지금도 학벌이 아닌 실력 중심의 사회가 급속하게 재편되고 있음을 직감적으로 느꼈기 때문에 이 책을 쓰게 되었다. 대학에 가서 많은 학생들이 방향감을 상실하는 것이 안타까워 이 책을 쓰게 되었다. 대학에서 전공 공부와 취업 공부를 따로 하는 현실이 안타까워 이 책을 쓰게 되었다. 공부하지 않는 대학교수들이 너무나 많아 이 책을 쓰게 되었다. 고등학교 경쟁력은 세계 최고 수준이나 대학 경쟁력은 세계 최

하 수준이었기 때문에 이 책을 쓰게 되었다. 쓸데없는 대학에 가기 위해 학자금을 마련하느라 룸살롱에 가고, 막노동을 하고, 어부를 하는 현실이 안타까워 이 책을 쓰게 되었다. 대학을 졸업한 이후 거의 5~10년간 학자금 빚을 갚느라 저축 한 푼 못하는 현실이 안타까워 이 책을 쓰게 되었다. 부모님들이 쓸데없는 명문대에 자식을 보내기 위해 저축을 못해 노후를 비참하게 보내야 하는 현실이 안타까워 이 책을 쓰게 되었다. 자신의 모든 것을 교육에 바침에도 불구하고 아무것도 못 건지는 한국인의 현실이 안타까워 이 책을 쓰게 되었다. 대학에 변화를 촉구하고 정부에 결단을 바라는 마음에서 이 책을 쓰게 되었다. 눈물 나는 현실을 희망 찬 미래로 바꾸기 위해서는 대학이든, 대학생이든, 학부모든, 정부든 누구든 간에 바뀌어야 한다는 생각이 절박하게 들어 이 책을 쓰게 되었다. 분명 이대로 가면 한국의 미래는 없다는 생각에 이 책을 쓰게 되었다. 온 대학생이 공무원 준비를 하는 현실이 안타까워 이 책을 쓰게 되었다. 대학에서 배우는 것이 없어 신입사원이 되면 재교육을 해야 하는데 그 비용이 1억에 육박한다는 말을 듣고 이건 아니다 싶어 이 책을 쓰게 되었다. 단순 암기·주입식 암기에 치중해 암기력 테스트에 불과한 대학 학점 취득은 아니다 싶어 이 책을 쓰게 되었다. 대학 강의의 수준이 형편없음이 너무나 화가 나 이 책을 쓰게 되었다. 그럼에도 불구하고 대학교수들은 많은 보수와 존경을 받는 현실이 화가나 이 책을 쓰게 되었다. 이제는 교육이 학문이나 이론이 중심이 아닌, 진짜 지식이나 실무가 중심이 되어야 한다는 생각 때문에 이 책을 쓰게 되었다. 대한민국 학부모님들의 교육에 대한 근본적인 생각을 변화시키기 위해 이 책을 쓰게 되었다. 대한민국 대학생들의 교육에 대한 근본적인 생각을 변화시키기 위해 이 책을 쓰게 되었다. 학벌 중심 사회가 아닌 실력 중심 사회로 대한민국을 탈바꿈시키기 위해 이 책을 쓰게 되었다. 앞으로 한국이 이렇게 10~20년만 지날 경우 후진국이 될 수도 있다는 걱정 때문에 이 책을 쓰게 되었다. 이렇게 대학에 돈과 시간을 이중으로 낭비해서는 개인도, 기업도, 국가도 미래가 없다는 것을 느꼈기에 두려운 마음이 들어 이 책을 쓰게 되었다. 이제는 대학에 전혀 진학할 필요가 없기 때문에 이 책을 쓰게 되었다. 이제는 대학에 가지 않으면 차별을 받는다는 생각을 가지지 말고 대학에 가지 않고도 실력만 있으면 성공한다는 공식에 믿음을 주기 위해 이 책을 쓰게 되었다. 이제는 남들이 가니까, 부끄러우니까, 결혼을 해야 하니까, 사람을 사귀어야 하니까 등등의 허례허식은 버리고 본질을 추구해야 함을 말하기 위해 이 책을 쓰게 되었다. 내가 대학 2학년 때부터 대학에 대해 심각하게 품어온 생각을 정리하고 그를 통해 한국에 희망을 주기 위해 이 책을 쓰게 되었다. 이제는 교육에 대한 진짜 논의, 교육에 대한 진짜 토론이 진행되었으면 하는 마음에서 이 책을 쓰게 되었다. 이것이 책을 쓰게 된 이유이고, 이것이 이 책의 주제이며, 이것이 대학에 절대 가지 말아야 할 이유이다. 99

— 저는 동아대학교 재학 시절 대학의 모순을 온몸으로 느꼈습니다. 그래서 대학 개혁에 대한 책은 사실 대학 2학년 때부터 집필을 하려고

생각을 했었습니다. 그것을 현실화하려고 시도했던 때는 대학 4학년 무렵인데 주위의 경력 없음과 몇몇 우려들 때문에 책의 집필을 포기하였습니다. 그러나 그때부터 대학의 모순에 관한 엄청난 자료들을 집적해오고 있었고 늘 대학의 변화에 대한 생각을 가져오고 있었습니다.

— 저는 동아대학교 총학생회장에 만 19세, 20세에 출마를 하면서 나름대로 대학 사회를 크게 변화시켜보겠다고 생각을 했습니다. 그러나 당선이 되지 않으면서 꿈을 접어야 했습니다. 만 20세였던 당시 저는 3,704표(44.86%)를 득표하면서 불과 200여 표 차이로 낙선을 하였는데 그것은 제 나이가 아직은 어렸고 군대를 다녀오지 않은 점이 작용을 하였습니다. 그러나 당시 제가 가졌던 열정이 제 가슴속에는 여전히 살아 있습니다. 그래서 이 글은 다소 완화하여 부드럽게 적었지만 "대한민국의 피 끓는 20대가 피를 토하며 말하는 대한민국을 위한 고언苦言이고, 대학 총학생회장에 2번 출마하며 낙선한 청년이 뜨거운 진심을 담아 말하는 한국 대학생의 변화에 대한 열망이며, 5,000만 국민의 미래와 발전을 갈망하는 한 청년의 용솟음치는 열망이자 집념"입니다. 저는 대학 시절의 초심을 떠올려봅니다. 2만 동아대 학우들의 진짜 벗이 되고자 했던 그때의 초심을 떠올려봅니다. 그리고 이제 대한민국 전체 대학생 후배들을 바라봅니다. 그리고 우리의 부모님들을 바라봅니다. 그리고 대학을 바라

봅니다. 그리고 한국의 미래를 바라봅니다. 이제는 진짜 변화, 진짜 변화가 필요하다는 것을 가슴속 깊은 곳에서 느끼게 됩니다. 이 책은 제가 단 이틀 만에 모두 집필한 책입니다. 다른 책을 참고할 필요가 없었기 때문입니다. 늘 가슴속에서 생각을 하고 있던 것이었기 때문에 글을 쓰는 데 거침이 없었습니다. 늘 가슴속에서 생각하고 있던 것이었기 때문에 다른 사람의 생각을 참조할 필요는 없었습니다. 늘 가슴속에서 생각하고 있던 것이었기 때문에 편안하게 그러나 뜨겁게 쓸 수 있었습니다. 제 나이가 올해 28세인데, 21세부터 늘 생각하고 있던 것을 글로 쓰는 것은 그리 어렵지 않았기 때문입니다.

— 지금까지 저는 3권의 책을 썼고 그중에서 2권의 책은 출간 계약을 하였습니다. 그리고 또 한 권의 책은 아직 미집필이지만 출간 계약을 해두었습니다. 그러나 단언하건대 이 책이야말로 저를 가장 잘 표현한 책이라고 생각됩니다. 그리고 평소의 저의 생각을 가장 크게 반영한 책이라고 생각합니다. 이 책은 저의 가장 강력한 목소리, 저의 뜨거운 열망과 집념, 저의 평소의 고민과 불안, 제가 생각하는 한국의 대학과 미래, 대학생과 학부모님들을 위한 진실된 충고를 모두 담고 있기 때문입니다. 청년의 피는 뜨겁습니다. 청년은 아프니까 청춘이 아닙니다. 청년은 고구려의 광개토태왕이 만주 벌판을 달리며 뜨겁고 진취적인 삶을 살았던 그 피가 가슴에서 용솟음치고 있습니다. 저는 청년이고 대학생은 청년입니다. 이제는 청년

이 풀이 죽어 있고 불안해만 하고 있어서는 단언하건대 이 나라의 미래가 없습니다. 저는 이 나라를 변화시키고 싶습니다. 저는 이 나라의 문제를 말하고 대안을 말하고 싶습니다. 저는 이 시대를 살아가는 동년배로서 진정한 문제를 이야기하고 진정한 대안을 말하고 싶습니다.

— 이 책은 "이제 대학 절대 가지 마라"라는 다소 파격적인 제목을 만들어보았습니다. 왜냐하면 이제는 대학에 갈 필요가 없고 실제로도 대학이 변하지 않는 한 갈 필요가 없기 때문입니다. 그리고 대학 사회의 변화를 촉구하고 정부의 행동을 결단하기 위해서 제목을 이렇게 파격적으로 지었습니다. 그리고 대한민국에 대학 교육에 대한 진지한 공론화가 일어나기를 바라는 마음에서 제목을 이렇게 짓게 되었습니다. 그리고 대학생들도 대학 무용론에 대해서 체감을 하고 있는 상황에서 선택의 용이함을 돕기 위해서 이렇게 짓게 되었습니다. 그리고 학부모님들도 마찬가지입니다.

— 이 책은 대학생들이 보아야 할 책으로 집필이 되었습니다. 결국 대학의 문제인 만큼 대학생들이 가장 먼저 읽어보아야 할 것입니다. 그래서 대학생들이 체감하고 있는, 반드시 알아야 할 내용을 담았습니다. 그리고 이 책은 학부모님들이 고등학생 자녀나 대학생 자녀를 두고 있다면 반드시 읽어볼 수 있도록 집필하였습니다. 왜냐하면 실

제 교육의 실수요자는 학생이면서 학부모인 묘한 특성이 있고, 특히 한국의 대학생들 뒤에는 언제나 학부모님의 보이지 않는 노력이 있어왔기 때문입니다. 그리고 학부모님의 생각이 고등학생 및 대학생의 진로에 상당한 영향을 미치기 때문에 학부모님들의 생각을 변화시켜야 할 필요가 있다고 판단을 하였습니다. 그리고 이분들이 진짜 제대로 된 현실을 알고 진짜 대안을 알아야 자신의 자식을 잘 지도할 수 있을 것이라는 생각이 들었습니다. 그래서 부모님들에게도 포커스를 두고 글을 집필을 하였습니다. 실제로 앞으로는 대학에 갈 필요가 없기 때문에 부모님이 어떤 식으로 자식을 교육시키고 어떤 식으로 이끄는지가 매우 중요한 시대가 될 것입니다. 그리고 대학에 가기 전, 즉 고등학교 때나 중학교 때부터 미래를 객관적으로 준비하는 작업을 해야만 할 것입니다. 대학에 들어가서 전공 공부와 취업 공부를 따로 하면서 남자의 경우 28세가 되어 취업을 하거나 그조차도 늦게 하는데 그것보다는 남들이 대학 1~2학년 때 취업을 하고, 남들이 대학을 졸업할 때에는 부서장이나 사장이 되어 본격적인 승부를 해나가는 것이 올바른 방향이고 앞으로는 하나의 큰 방향이 될 수도 있습니다. 그리고 이 책은 대학에 종사하는 사람들도 읽어볼 수 있도록 하였습니다. 결국 대학 교육의 문제이기 때문입니다. 그래서 대학 및 대학교수님들이 무슨 문제가 있고 어떤 식으로 문제를 풀어가야 하는지에 대해서도 집필을 하였습니다. 그리고 과거의 책을 집필하면서 많이 들었던 이야기가 "그래서 어떻게 하라는 것이냐? 어쩌라고? 대안을 말하라."는 것이었습니다. 그래서 문제 분석의 비율만큼이나 대안을 만만치 않게 많이 적으려고 노력을 하였습니다.

─ 대학과 대학생의 문제와 대안을 다루는 것은 이 한 권의 책으로는 턱없이 부족하다고 생각합니다. 저 또한 방대한 양에 걸쳐 심층적으로 다루어야 할 대학 문제를 단 420여 페이지로 가볍게 다룬 것에 대한 무거운 마음이 있습니다. 한국의 미래를 결정짓는 대학 문제를 너무 가벼운 무게로 다루는 마음이 들었기 때문입니다. 그러나 너무 많은 페이지를 할애할 경우 오히려 책의 구매량이 떨어져 전 국민적인 공론화가 일어날 수 없다는 생각도 들었습니다. 그래서 적절한 양으로 조절을 하였습니다. 필요하다면 출판사와 협의하여 2권 이상을 더 집필할 수도 있습니다. 대학에 대해서는 할 말이 산만큼 많은 저이기 때문입니다. 저는 대학을 직접 겪으면서 2학년 때부터 대학 개혁에 대한 책을 집필하려고 꾸준하게 준비를 해왔던 매우 독특한 사람입니다. 저는 대학 시절 동아대학교 발전 방안에 대한 200페이지에 이르는 책을 집필한 독특한 사람입니다. 저는 대학 총장님에게도 대학 개혁안을 담은 장문의 편지를 보낸 독특한 사람입니다. 할 말이 무척 많기 때문에 이 한 권의 책으로는 아쉬움이 있으니 출판사에서 권하신다면 더 집필을 하도록 하겠습니다.

─ 이 책의 콘셉트는 "대학 무용"이고 "학벌이 아닌 실력에 집중해야 한다."입니다. 그리고 학벌이 아닌 자신의 삶을 보면서 미래를 확실하게 준비하기 위해 업業의 본질적인 경쟁력을 키워나가야 하고 그를 위해 다양한 분야의 학습이 필요함을 강조하였습니다. 그리고 이 지식의 힘을 강조하면서 지식의 근간과 지식의 미래, 그리고 지식의 활용과 지식의 배양법 등을 이야기하였습니다. 대학생, 학부모, 대학에 말하는 형식을 띠고 있습니다만 본질적으로 그 이야기의 맥은 같으며, 다만 디테일하게 각각의 문제와 대안을 제시하는 부분은 좀 더 섬세하게 짚어내고 제시하도록 노력하였습니다.

## 5. 『창피함을 무릅쓰고 쓴 나의 실패기』─ 타임비즈 출판사

### □ 원고를 투고하며 □

#### ◇ 책 제목 ◇

책 제목은 가칭입니다. 다양하게 지을 수 있을 것입니다.

또 책의 콘셉트에 따라 전혀 다른 제목이 나올 수도 있을 것입니다.

― 스타 강사 전한길의 실패 이야기

― 전한길처럼만 안 하면 20억 벌 수 있다.

― 사업하며 20억 빚진 스타 강사 전한길

― 스타 강사 전한길, 사업하며 20억을 빚지다

― 이대로 하면 반드시 실패하는 경영 이야기

― 스타 강사 성공 비법, 최악 사장 실패 비법

― 이상민 · 전한길, 경영 실패

― 이상민 · 전한길, 사업 실패를 말하다

― 실패 불변의 법칙

― 실패 기업의 조건

― 학원 실패 법칙 30

― 이제는 실패 기업에서 배워라

― 그는 왜 실패했는가?

― 이상민 · 전한길, 경영 실패 바이블

― 실패하는 경영자

― 실패하는 기업들의 8가지 습관

― 사업 실패, 전한길에게서 배운다

― 이상민 · 전한길, 실패 경영

― 실패의 교훈에서 경영을 만나다

― 성공, 실패에서 구하라

― 경영자를 위한 실패 에세이

— 실패가 답이다[부제: 살아 있는 실패 경험에서 배워라]

— 사업 실패, 어떻게 이루어지는가

— 대한민국 사업 실패자를 위한 고백

— 사업 실패자의 가르침

— 학원 사업, 이렇게 하면 망한다.

— 이상민 · 전한길, 사업 실패를 말하다.

— 전한길의 실패 이야기

— 전한길처럼 하면 20억 날린다.

— 성공은 실패를 타고

— 성공하려면 실패하라

— 이상민 · 전한길, 실패 코드

— 21세기 실패 경영

— 실패학 콘서트

— 실패를 경영하라

— 성공과 실패의 기술

— 실패를 읽는 기술, 실패 특강

— 이상민 · 전한길의 실패 노트

— 전한길의 실패하는 법

◇ 기획 의도 ◇

## 1. 일반 경영 실패학

— 이 책은 스타 강사 전한길의 사업 실패를 통해 사업에서 실패하는 방법을 일반화하는 경영서임. 전한길의 실패 경험을 바탕으로 사업 하는 사람들이 반드시 알아야 할, 지켜야 할 필수적인 내용을 담고 있음. 이 책은 전한길의 실패 경험을 바탕으로 '일반적인 사업 실패 법칙'을 담고 있는 만큼, 보편적인 기업 경영자들이 읽어도 좋을 도 서임.


— 전한길 선생은

— 학원 수강생 전국 1위(J&J 에듀 연간 7만 명 수강생),

— 사탐 교재 판매량 전국 1위(연간 21만 권, 누적 판매량 100만 권 이상),

— 다음카페 회원 수 전국 학원 강사 중 전국 1위(약 4만 명),

— EBS의 모든 영역 강사 중 강의평가 1위를 했던 인물임.

— 그런데 "대구 최대 입시 학원"을 인수하여 2년 만에 20억을 빚지게 됨.


▷ 의문 제기: 과연 기업가들이 학원 강사와 아직은 무명인 경영 전문 가가 쓴 책을 볼 것인가?

▶ 답변: "대구 최대 입시 학원"을 인수하여 2년 만에 빚을 20억 지게

되는 사례는 일반적인 기업가들에게 좋은 학습 사례임. 그리고 이 책은 이론을 제시하는 것이 아닌, 실제의 생생한 경험을 바탕으로 이야기를 하는 것이기 때문에 전달력과 호소력이 높음. 우리나라에는 사업의 성공 서적은 많은 반면 실패 서적은 상대적으로 상당히 빈약한 것도 도서 가치로서의 희소성을 높임. 신뢰도를 높이기 위해 추천 작업을 진행하면 좋음. 이 책의 원래 기획 의도는 사업의 실패학을 다룬 것이므로 목차를 살짝 비트는 작업을 하면 전달력이 한층 배가될 것임.

## 2. 학원 경영 실패학

— 이 책은 학원 경영 사례이므로 학원 경영에 타깃을 맞추어도 좋을 것임. 실제 많은 학원 경영자들은 직장 생활 경험이 없거나 경험이 일천하기 때문에 경영에 많은 어려움을 겪음. 그런 외중에 "대구 최대 학원을 2년간 직접 경영하며 어떻게 하면 실패를 하는지를 밝히는 책"은 학원 경영자들에게 실질적인 경영서가 될 것이라고 생각됨. 왜냐하면 실제 학원을 직접 경영하고 쓴 책이기 때문에 더 공감하기 쉽고 경영 법칙을 직접 적용하기가 쉽기 때문임.

— 학원 창업 예비자들이 읽어도 좋음. 실제 학원 강사나 과외강사 중 학원 경영자를 꿈꾸는 사람들은 많음.

▷ 의문 제기: 학원 경영자, 학원 강사, 과외 강사들이 과연 얼마나 책을 볼 것인가?

▶ 답변: 실제 한국에서 독서를 많이 하는 사람의 비율은 낮은 상황임. 특히나 학원계에서 일하는 사람들은 일이 대단히 바빠 책을 많이 보지 않는 경우가 많고, 자만심 때문에 자기보다 못한 사람이 학원 경영에 도움이 되는 책을 쓰면 무시하는 경우도 있음. 그러나 스타 강사 전한길이 저자로 포함된다면 충분히 흥미와 관심을 불러일으킬 것이라고 봄. 전한길은 전국 수강생 전국 1위, 사탐 교재 판매량 전국 1위, 다음카페 회원 수 전국 1위, EBS 강의평가 전국 1위의 화려한 이력을 자랑하고 있고, '대구 최대 학원 인수 후 20억 빚짐'이라는 다소 충격적인 경험을 소유하고 있음. 따라서 학원 종사자들에게 신선한 충격과 흥미, 관심을 불러일으킴. 그래서 학원 경영자, 학원 강사, 과외 강사는 분명히 관심을 가질 것임. 여기에 전한길 선생이 "스타 강사, 명강사 되는 법" 편을 집필한다면 강사들은 한 번 정도 읽고 싶은 마음이 들 것임. 그리고 동네 학원 원장들에게는 "프랜차이즈 학원에 맞서 동네 학원이 살아남는 법"도 집필한다면 관심을 불러일으킬 것임. 강사와 원장을 겨냥해 입맛에 맞는 목차를 새롭게 추가한다면 분명 효과는 배가될 것임. 여기에 전국의 각 영역별 최고 스타 강사의 추천을 받는다면 더 주목을 받을 것임. 전한길 선생은 그들과 친분이 있기 때문에 추천을 받을 가능성이 높음. 특히나 학원 강사들은 경영자와는 달리 온갖 방법을 동원해 자

신의 이름을 알리고 싶어 하기 때문에 추천을 받기가 더 쉬움. 따라서 100만 명이 넘는 학원계 종사자들 중 5~10% 정도만 움직인다 해도 5만~10만 부는 쉽게 판매될 것이라고 예상됨.

### 3. 직장인과 대학생의 자기계발서

— 이 책은 경영서이면서 일종의 자기계발서이기도 함. 따라서 자기계 발의 성향에 맞게 목차를 약간만 비튼다면 수요층이 훨씬 더 넓어 질 수도 있음. 특히 전한길 선생의 수십만 명에 이르는 제자들이 직 장인이고 대학생이기도 한 만큼 기대가 됨.

— 참고로 다산북스에서 메가스터디 손주은 책을 전략 도서로 선정한 이상 베스트셀러가 될 경우 베스트셀러 작가로서의 네임 밸류도 책 의 판매에 도움을 줄 것이라고 봄.(메가스터디 이야기: 7월 출간, 저자: 이상민/전한길)

▷ 의문 제기: 대학생과 직장인에게 어떻게 책을 보라고 설득할 것인 가? 도움이 되는 메시지는 무엇인가?

▶ 답변: 앞으로 사업을 생각하는, 직장 생활을 사업가의 자세로 하고 자 하는 이들이 보아야 한다는 식으로 이야기를 하면 됨. 대학생에 게는 스타 강사 전한길의 실패라는 말로 다가선다면 궁금증을 유 발함. 전한길 선생의 제자는 수십만 명이며, 한때 전한길 선생의 다

음카페 회원 수만 약 3만 6천 정도였음. 또 연간 수강생만 7만 명(J&J 인터넷 수강생)이었고, 대구 지역 수강생만 연간 2만 명 이상(5년 연속)이었다는 점, 전한길 선생의 이름을 건 에브라임 사탐 교재는 100만 부 이상 판매된 점을 생각한다면, 전한길 선생의 제자인 대학생들이(직장인 포함) 전한길 선생을 알고 싶어 하거나 배우고 싶어 하는 점 때문에 어느 정도는 확실히 움직일 것이라고 예상됨. 다만 그 수요층에 대해서는 5~10% 정도로 보수적으로 잡아야 할 것이며, 자기계발서 냄새가 나게 하기 위해 과도하게 목차를 비트는 작업을 하면 일반 경영서와 학원 경영서의 냄새를 잃을 수도 있기 때문에 주의를 하면서 절충적으로 힘을 주어야 함. 다만 자기계발서로 확실하게 포지셔닝을 하기를 원한다면, 목차를 섹시하게 보이도록 비트는 작업을 하되 동시에 내용도 일부 편집을 해야 함. 이때에는 30~50만 부 이상의 판매를 겨냥하며 '스타 마케팅'으로 밀어야 함.

◇ 마케팅 포인트 ◇

– 전한길의 스타 강사 이력 넣음.

– 학원 수강생 전국 1위(J&J 에듀 연간 7만 명 수강생),

– 사탐 교재 판매량 전국 1위(연간 21만 권, 누적 판매량 100만 권 이상),

– 다음카페 회원 수 전국 학원 강사 중 전국 1위(약 4만 명),

- EBS의 모든 영역 강사 중 강의평가 1위를 했던 인물임.

- 그런데 "대구 최대 입시 학원"을 인수하여 2년 만에 20억을 빚지게
  됨.

- "대구 최대 학원 인수 후 20억 빚짐"이라는 문구를 크게 넣음.

- 대한민국 30년간의 베스트셀러 목록을 분석해보면 다소 충격적인
  제목과 내용이 마케팅에 성공적인 결과를 내고 있음.

- 따라서 이 외에도 충격적이면서도 도발적이고, 흥미와 관심이 가 독
  자들이 손을 뻗어 책을 들 수 있도록 하는 문구를 만들어 넣어야 함.

- 스타 강사, 한국 대표 교육 업체, 일반 기업가의 추천 넣음.

- 대한민국 각 영역 최고의 스타 강사들의 추천사를 넣음.

- 온라인 교육 업체 대표들의 추천사를 넣음.

- 친분이 있는 기업가나 기타 유명 기업가의 추천사를 넣음.

- 제목과 목차를 섹시하게 하는 작업 진행.

- 제목과 목차가 책의 판매량에 절대적인 영향을 미치는 만큼 철저하
  게 출판기획자와 의견을 나누며 출간 작업을 진행해야 함.

◇ 마무리를 하며 ◇

- 원고는 아직 100% 완성된 것은 아닙니다. 70~80% 정도 완성되었습
  니다.

- 출판사의 기획 방향에 따라서 "스타 강사 되는 법, 프랜차이즈 학

원에 맞서 동네 학원이 살아남는 법" 등의 원고를 추가할 수도 있습니다.

— 타깃 독자와 책의 콘셉트에 대해서는 일장일단이 있는 만큼 출판사와 논의를 한 다음 "철저하게 타깃 독자에 맞춘 치밀한 진행"이 되었으면 합니다.

— 원고에 대한 방향이 정해지면 다양한 부문에서 원고를 편집할 수 있으니 가능성에 대해서는 활짝 열어두시고 충분히 검토해주시길 부탁드립니다.

— 머리말은 출판사의 기획 방향에 맞추어 새롭게 집필을 하면 되므로 생략을 하겠습니다.

□ **마무리**

출간기획서를 길게 적을 필요는 없다. 핵심만 간단하게 적어도 출판사에서는 잘 판단할 수 있다. 내가 맨 처음 책을 썼을 때는 출간기획서가 매우 길었고, 장황했다. 『맙소사 아직도 대학이라니』도 그렇지만, 그 전의 책인 『창피함을 무릅쓰고 쓴 나의 실패기』는 더 심하다. 출간기획서는 길게 쓸 필요가 없다. 핵심만 간단하게 쓰면 된다. 제목도 많을 필요가 없다. 초기에 나는 제목을 많이 제시했는데, 딱 한 번만 그랬고 나머지는 그러지 않았다. 결국 시간이 지날수록 짧게 핵심만 말하게 되었다. 출판사 직원들도 바쁘고 힘들다. 핵심만 간단히 전달해야지, 구구절절 말을 많이 하는 걸 모두 읽지 못한다. 원고 검토도 실제로는 다 읽는 편집자는 거의 없다. 일부를 읽어보고 판단한다. 그리고 책을 출간할 것이라면 다시 상당 부분을 읽어본다. 그러나 다 읽기는 쉽지 않다고 보아야 한다. 일반적으로 그렇다.

다른 책들에 따른 출간기획서도 있는데 일부는 출판사에서 사전에 연락이 왔거나 상의를 해서 책을 썼기 때문에 출간기획서가 없다. 또, 맨 처음 쓴 원고를 다산북스 출판사와 계약을 했는데 이것은 공저자인 전한길 선생님이 투고를 했고, 이 또한 일반적인 출간기획서와 대동소이하기 때문에 생략하고자 한다.

또, 참고로 말하면 처음 책을 낼 때의 저자들의 글이 일반적으로 날이 살아 있다. 번쩍번쩍 빛이 난다. 왜냐하면 긴장감이 장난이 아닌 상태로 글을 쓰기 때문이다. 반면, 책을 많이 낸 저자들은 매너리즘에 빠져 글에 힘이 없는 경우가 많다. 이 말은 서울문화사 편집자로 일하고 있는 이현정 선생님이 한 말이다. 이현정 선생님은 공병호, 말콤 글래드웰 등의 저자들의 책을 냈던 베테랑 편집자 선생님인데 이번에 나의 책인『독서 자본』을 전담하면서 많이 만나서 이야기를 나누었다. 그때 한 말이 기억에 남는다. "처음 책을 내는 분들과는 달리 대체로 책을 많이 낸 저자들은 글이 죽어 있는데, 특히 후반부로 갈수록 대충 마무리하고 넘어가는 경향이 강한데, 선생님의 글은 그렇지 않아서 좋았습니다." 나는 그때 이렇게 말했다. "저는 아직 성공한 작가가 아닙니다. 그래서 처음 책을 낼 때의 긴장감과 절박함을 유지하고 있습니다. 목숨 걸고 책을 썼습니다." 초기의 책이 빛난다. 일반적으로 진실이다. 결국 날이 살아 있는 마음가짐으로 집필한 『독서자본』은 몇 개월 뒤 문화체육관광부 선정 세종도서 교양부문에 오르게 되었다.

결론을 내려보면, 출간기획서는 간단하게 쓰면 된다. 핵심만 강하게 이야기하면 된다. 참고로 기획에 대한 책들을 살펴보며 공부를 하는 것도 권하고 싶다. 나도 기획에 대한 책은 적어도 100권 이상은 본 듯하다. 출간기획서를 잘 쓰기 위해서이다. 기획은 말을 잘하는 것이 아니다. 상대방이 원하는 핵심을 정확히 말하는 것에 있다. 그래서 설득을 하는 것이다. 그 외에는 사족에 불과하다. 기획에 대한 책을 읽어보고 감을 잡아보았으면 한다. 또, 내 기획서를 보고 판단도 해보았으면 한다. 참고로 말하면, 나중에 책을 좀 내고 나면 출판사에서 원고를 써 달라고 제안이 들어온다. 이때에는 상의를 해서 책을 쓰면 된다. 다만, 상의를 잘해야 한다. 그래야 출판사가 원하는 책을 쓸 수 있다. 만약 상의를 대충 하게 되면 책 출간을 못하게 될 수도 있다. 나도 『실전 인문학』이라는 책의 원고를 써달라고 "책비"라는 출판사에서 연락이 왔다. 그래서 썼다. 그러나 쓰고 나니 출판사가 원하는 원고와 다르다는 전갈을 받았다. 그때는 일부 원고였다. 그래서 다른 출판사와 책을 내려고 "북포스"라는 출판사에 일부 원고를 보여주고 계약을 맺고 선인세 100만 원을 받았다. 그러나 완전 원고를 넘겨주고 나서 출판사가 원하는 핀트가 맞지 않아 결국 다른 출판사에서 책을 냈다. 충분한 상의를 도중에 하지 않은 결과이다. 물론, 선인세는 나의 수고를 생각해서 출판사에서 돌려달라고 하지 않았다. 방현철 대표님의 감사한 결정이었다. 참고로, 원고 제안이 들어올 때는 상의를 충분히 해야 한다. 그렇지 않으면 원고를 쓰고 나서도 책을 그 출판사에서 못 낼 수도 있다. 그리고 감당하지 못할 원고는 제안이 들어오더라도 쓴다고 하면 안 된다. 괜히 그것 때문에 굉장히 힘들어질 수 있다.

나도 원고를 써달라는 요청이 많이 들어오지만 여러 면을 고려해서 모두 수락하지는 않는다. 할 수 있는 것만 수락해서 책을 쓴다. 실제로 『365 매일 읽는 한 줄 고전』과 『365 매일 읽는 한 줄 독서』는 라이온북스 최태선 대표님의 청탁이 있어서 쓴 원고이다. 또, 책을 쓰고 나면 원고에 대한 신뢰가 있기 때문에 기획안만으로 계약을 맺기도 한다. 그렇게 해서 기획안만으로 계약을 맺고 원고를 써서 책을 낼 수 있으며, 나도 그런 적이 있다. 나도 『손정의, 나는 당신과 생각이 다르다』를 기획안을 보내서 OK 사인을 받고 계약을 하고 책을 썼다. 또, 『평생에 한 번은 마키아벨리를 만나라』도 기획안만 보여주고 계약을 맺고 집필을 했다. 그 외에도 여러 권이 더 있다. 상당한 권수이다. 이미 원고에 대한 신뢰도가 있고, '글발'에 대한 신뢰도가 있기 때문이다. 여러분도 책을 1~2권 내고 나면 출판사에서 원고를 써달라는 연락이 올 것이다. 그러면 충분한 상의를 해서 책을 쓰면 된다. 다만, 무리한 욕심을 내면 안 된다. 재작년 말인가 작년 초인가, 내게도 진학사 소속의 "그루터기북스"에서 원고 제안이 왔지만, 여러모로 쉽지 않다는 생각이 들어서 거절을 했다. 또, 계약을 해놓고도 국민감정과 종합적인 여건을 고려해서 집필하지 못한 책도 있다. "사카모토 료마에 대한 원고"였다. 이 원고는 출판사와 모두 계약을 해놓고 자료 조사와 집필에 대한 제반 준비를 모두 끝내놓고 집필만 하면 되는데 그러지 못했다. 왜냐하면 사카모토 료마라는 인물은 공부를 해본 결과 부풀려진 것이 많고, 결국은 사욕으로 뭉친 사람이었기 때문이다. 또, 우리나라에 좋지 않은 해악을 많이 끼친 인물이었기 때문이다. 그래서 계약을 해놓고도, 심지어 모든 공부를 다 끝내놓고도 집필을 포기했다. 그런 일도 있었다. 물론, 한국인들도 사카모토 료마에 대해서 알아야 할 필요성이 있으므로 조만간 집필을 해야 하지 않는가라는 생각도 하고 있다. 일본을 정확히 알아야 일본을 이길 수 있기 때문이다. 적을 알아야 이기는 것은 병법의 기본이 아닌가!

아무튼 10년간 전업 작가로 살아왔기 때문에 이런저런 일들이 많았다. 여러분은 출간기획서를 위와 같이 작성하면 된다. 그 외에 자세한 내용들은 뒤에서 계속 다루고자 한다.

# 머리말은
# 어떻게 써야 하는 것인가

머리말은 본문을 집필하고 맨 마지막에 쓰는 것이 원칙이다. 머리말은 기본적으로 책의 전체적인 내용이 요약되어 제시되는 것이며, 핵심적인 내용을 소개하는 장이 되어야 한다. 그래서 전체를 압축적으로 정리하여 보여주면서 어떤 내용이 매혹적인지를 독자들에게 간략하게 말하여 독자들을 유혹하는 무대이다. 그렇기 때문에 머리말은 요약과 유혹이라는 양대 축으로 구성되는 장이라고 할 수 있다. 즉, 독자는 머리말을 보면서 책의 전체를 머릿속으로 그림을 그릴 수 있어야 하며, 동시에 머리말을 보면서 책을 읽고 싶다는 욕망이 나올 수 있어야 한다.

따라서 머리말은 원고 집필을 끝내고 나서 곧바로 집필하는 것이 좋다. 그래야만 원고 전체에 대한 내용이 머릿속에 생생하게 남아 있는 상태에서 원고 전체를 효과적으로 요약할 수 있기 때문이다. 그렇지 않으면 원고가 잘 생각이 나지 않거나, 생각이 난다고 하더라도 원고를 파악하는 전체적인 감각이 떨어져 있기 때문에 머리말을 잘 쓰기가 쉽지 않다. 그렇기 때문에 원고 집필을 끝냈거나, 혹은 검토를 끝냈을 때 쓰는 것이 가장 좋다.

머리말은 원고에 대한 내용을 전반적으로 요약하기에는 분량의 제약이 많다. 따라서 원고에서 가장 핵심이 되는 내용을 넣되, 독자들이 크게 반응할 수 있는 부분을 전략적으로 선택하여 넣어야 한다. 분량은 A4 용지로 1장에서 2장 정도면 되며, 일반적으로는 1장 혹은 1.5장 분량이어야 한다. 너무 많으면 안 된다.

머리말은 반드시 써야 하는 데 반해 맺음말은 써도 되고 안 써도 된다. 나도 원고 집필 초기에는 모두 썼는데, 요즘에는 쓰지 않고 있다. 결국 원고에 대한 말을 반복하거나, 이런저런 이야기를 해야 하기 때문이다. 그러나 원고 집필 초기에는 꼭 쓰도록 하자. 이것을 씀으로써 원고를 되돌아보는 효과가 있기 때문이다. 맺음말은 글을 쓰면서 들었던 심정과 독자들에게 마지막으로 당부하고자 하는 말들 혹은 감사하는 대상에 대한 인사 등이 들어간다. 결국 이런저런 내용들로 스스로가 채우면 된다. 그렇게 중요한 부분은 아니지만, 다시 한 번 독자들에게 되새김질을 해야 하는 내용을 넣거나, 다시 한 번 당부하고자 하는 내용들을 넣으면 무난하다.

머리말을 맨 처음에 집필하는 건 있을 수 없다. 왜냐하면 원고 전체에 대한 내용은 원고 집필이 끝난 다음에야 알 수 있기 때문이다. 원고는 처음에 A를 쓰려고 마음먹었거나 계획했다가 틀어지는 경우가 다반사이다. 인생사가 계획대로 이루어지지 않듯 원고 집필 역시 그러하다. 그렇기 때문에 머리말을 미리 써놓아도 결국은 원고를 쓰고 나서 다시 쓰게 된다. 그러나 원고 집필을 끝내기 전에 머리말을 써놓는 어리석음은 범하지 말자. 그냥 헛수고에 불과하다.

머리말은 이 정도의 내용으로 마무리하면 무난할 듯하다. 핵심은 원고 전체에 대한 내용을 넣되, 임팩트 있는 내용을 넣고, 독자들을 유혹할 수 있는 내용들을 선별적으로 넣으라는 것이다. 그것이 머리말이다. 참고로 그렇기 때문에 나는 머리말을 읽지 않는다. 책을 사라고 저자가 독자를 유혹하는 내용들이 많기 때문이다. 머리말을 읽으면 그럴듯해서 책을 읽고 싶은 마음이 들지만, 원고를 보면 별로인 경우가 많기 때문에 나는 원고부터 살펴본다. 랜덤으로 원고부터 살펴보면서 책을 읽을지 말지를 판단한다. 이것은 홈쇼핑에 비유할 수 있다. 머리말은 홈쇼핑 영업사원이다. 본문은 제품 그 자체이거나 AS 직원이다. 그래서 머리말은 과장되게 마련이고, 본문은 팩트를 담고 있다. 제품을 살 때도 제품을 꼼꼼하게 살펴보아야 한다. 영업사원의 말보다는 AS 직원의 조언을 충실히 들어보아야 한다. 그들은 진실을 말하기 때문이다.

머리말은 어떻게 보면 홈쇼핑의 영업사원이다. 결국 책 구매를 유도하는 강력한 문구들을 많이 넣을 수밖에 없다. 모든 책들이 그러하다. 여러분도 책을 그렇게 써야 하고, 나도 그렇게 한다. 그러나 책을 고를 때는 반대로 해야 한다. 참고로 책을 쓰는 노하우와 책을 고르는 노하우도 함께 여러분에게 알려준다.

# 출판사, 내가 얻을 것을 생각하지 말고 먼저 줄 것을 고민해야 한다

인생사 이치가 얻으려면 먼저 줘야 한다. 출판사가 먼저 무언가를 해주는 건 없다. 내가 먼저 최고의 원고를 보여줘야 한다. 뿌린 대로 거두며, 준 대로 받는 것이 인생사임을 기억한다면 출판사에 무리한 요구를 할 이유가 없게 된다. 기다림, 이것이 필요하다. 출판사도 좋은 원고를 만나기를 목 빠져라 기다리고 있고, 좋은 원고를 만나면 반드시 그에 걸맞은 행동을 한다. 왜냐하면 자신에게 도움이 되기 때문이다. 그러나 그렇지 않은 원고를 만나면 당연히 출간 계약도 거절한다. 또, 계약을 맺더라도 강한 마케팅을 하지 않으려고 한다. 위험하기 때문이다. 가령, 광고비를 많이 들였는데 그것을 얻지 못한다면 피해는 모두 출판사가 져야 한다.

솔직히 우리가 원고를 썼을 때 출판사가 왕처럼 모시는 경우가 없다고 보아야 한다. 더군다나 책을 한 권도 출간하지 않은 저자가 아닌가. 그렇다면 더더욱 그렇다. 검증이 안 되어 있다. 제대로 된 검증이 되어야 믿고 할 것이 아닌가. 그렇기 때문에 책을 출간을 하는 것이 필요하다. 그러나 출간을 하면 다일까? 아니다. 책을 많이 출간했음에도 불구하고 책의 판매량이 보장되지 않거나, 좋지 않은 내용이라고 판명되면, 그다음은 더욱더 불확실해진다. 오히려 책을 한 권도 출간하지 않은 사람은 기대감이라도 있지만, 책을 50권 혹은 100권 이상 출간했는데 10만 부 이상 판매되는 책이 단 1권도 없다면 그 저자는 앞으로도 베스트셀러가 거의 안 나온다고 보아야 하며, 그렇기 때문에 출판사들로부터 낙인이 찍혀버린다. 만약 판매가 안 될 경우에는 출간한 책 중에 적어도 20% 이상이 공신력 있는 단체에서 인정받는 등 좋은 책으로 인정을 받아야 한다. 그래야 출간을 계속할 수 있지, 그렇지 않고는 출간조차도 어려워진다. 왜냐하면 이미 50권 혹은 100권씩 책을 출간한 저자는 책으로 보여줄 수 있는 퍼포먼스를 전부 다 보여줬다고 보아야 하기 때문이다. 그럼에도 불구하고 좋은 내용으로 평가받는 책이 적고, 10만 부 이상의 베스트셀러가 단 1권도 없다는 것은 저자로서의 가치가 없다고 보아야 하기 때문이다. 그래서 책을 많이 내는 것도 능사가 아니다. 출간종수 대비 성과비율이 있어야 한다.

이 말은 내 생각이 아니다. 한 출판사의 대표로부터 들은 말이다. 그 대표 분은 내게 그런 말을 하였다. "책을 50권씩, 100권씩 냈으면 책으로 보여줄 수 있는 퍼포먼스는 모두 보여주었다고 보아야 합니다. 즉,

책으로 보여줄 수 있는 것은 전부 보여줬지요. 그럼에도 아무런 성과가 없다면 가령 10만 부 이상의 베스트셀러가 1권도 없다거나, 좋은 내용으로 평가받는 책이 많지 않다면, 그 저자는 사실상 생명이 끝났다고 봐야 하지요. 그렇지 않습니까?"

나는 이 말에 공감을 했다. 맞는 말이기 때문이다. 따라서 책을 쓰려는 사람은 좋은 책을 써야만 한다. 그래야 미래가 보장된 저자의 길을 걸을 수 있다. 그렇지 않고는 미래가 없다. 베스트셀러는 내가 잘한다고 되는 것이 아니다. 모든 것이 맞아떨어져야 한다. 시대 상황적으로 그 주제가 많이 팔릴 수 있어야 하며, 글도 잘 써야 하고, 출판사도 마케팅을 강하게 해야 한다. 또, 각 기관 등에서 추천을 하면서 판매에 날개를 달아주어야 한다. 이 외에도 다양한 조건들이 결합된다. 방송 노출이나, 대기업에서 대량 구매 등을 해주어야 한다. 이런저런 것들이 모두 결합되어야 베스트셀러가 탄생한다. 솔직히 운의 요소가 많다. 그렇기 때문에 책을 쓰려는 사람은 좋은 내용의 책을 써야 한다. 그럴 때는 확실한 안전이 보장되기 때문이다. 비록 베스트셀러가 되지 않더라도 베스트셀러가 될 가능성을 늘 안고 있는 저자가 된다. 또, 좋은 내용을 썼기 때문에 책을 많이 내더라도 출판사에서 충분한 기대감을 가지고 있다. 우리는 그런 저자가 되어야 한다. 즉, 내용으로 치고 올라가 승부하는 내용으로 승부하는 작가가 되어야 한다. 그래야만 영원불멸한 생명력이 있는 강한 작가가 되기 때문이다.

결국 우리는 좋은 원고를 써야 한다. 그것이 우리가 출판사에 할 수 있는 최고의 도리이며, 그럴 때 출판사에서도 반응을 한다. 출판사에는 요구를 할 필요가 없다. 광고를 해달라고 말해도 듣지 않는다. 이것은 당연하다. 돈이 드는 마당에 해달라고 해서 해주고 하지 말라고 해서 안 하고 하지 않는다. 그만한 판단이 들게끔 해주어야 한다. 그것은 좋은 원고밖에는 답이 없다. 그러니 잘 쓰자. 그것이 답이다.

# 유사 도서, 경쟁 도서 분석은
# 어떻게 해야 하는가

유사 도서와 경쟁 도서는 읽어보는 것이 좋다. 당연히 꼼꼼하게 읽어보는 것이 좋다. 그러나 만약 그러기 싫다면 어떻게 해야 할까? 가급적이면 읽어볼 것을 강력하게 권하고 싶다. 여러분은 지금 초보자이다. 초보자는 누구인가. 회사로 치면 신입사원이다. 그러면 무엇을 해야겠는가. 제대로 해야 한다. 제대로 배워야 한다. 그렇지 않으면 내일이 없다. 군대도 신참일 때는 오히려 장군보다 혹독하게 훈련을 해야만 한다. 이때 잘못 배우면 끝장이기 때문이다.

그래서 나는 반드시 읽어볼 것을 권하고 싶다. 그러나 죽어도 읽기 싫다면 어떻게 해야 할까. 죽어도 읽기 싫다면 그 도서의 콘셉트만 분석해보길 바란다. 제목과 목차, 머리말만으로 분석이 가능하다. 또, 목차를 뒤져서 핵심적인 내용만 보고도 분석이 가능하다. 물론, 다시 한

번 더 말하지만, 다 읽어볼 것을 강력하게 말하고 싶다. 부득이할 경우에 콘셉트 분석만 해라.

다만, 내가 책을 읽을 것을 권하는 것은 그것이 책을 쓰는 자의 기본이라고 생각하기도 하거니와, 그렇게 해야만 내 책을 쓰면서 자신감을 가질 수 있기 때문이다. 더 잘 쓸 것이기 때문에. 지피지기여야 백전백승한다. 정확히 알아야 한다. 경쟁자에 대해서 말이다.

경쟁 도서, 유사 도서는 그러므로 꼼꼼히 읽어보아야 한다. 읽으면서 판매 포인트가 무엇인지, 어떤 식으로 써서 구매자들이 반응을 했는지를 면밀히 분석해보아야 한다. 또한, 리뷰들도 읽어보는 것이 좋다. 평점 만점인 것과 가장 낮은 것을 동시에 보면서 균형적으로 바라보아야 한다. 그러면서 그 책의 장점과 단점을 살펴보아야 한다.

경쟁 도서, 유사 도서가 왜 판매가 되었는지를 알아야 내 책을 제대로 기획할 수 있다. 그 책의 판매 포인트는 내 책에도 그대로 적용됨을 명심해야 한다. 그 부분을 유추하되, 내 장점을 그 안에 이입해야만 한다. 그래서 내 책을 강력하게 만들어야 한다. 할 수 있다.

# 책의 제목은
# 어떻게 만들어야 하는가

책의 제목과 목차는 고도의 전문성이 요구되는 부분이라고 할 수 있다. 그야말로 출판 전문가 혹은 사업가 또는 감각적인 사람이 잘할 수 있는 부분이라고 할 수 있다. 그러나 초보자도 두려워할 필요가 없다. 인간을 알면, 인간의 마음을 알면 잘 만들 수 있기 때문이다.

제목과 목차를 잘 만드는 가장 전통적인 방법은 책을 많이 읽어보는 것이다. 독서를 많이 한 사람은 이미 좋은 제목과 목차에 익숙하며, 글의 전개 방식 또한 눈에 익었다. 그래서 책을 쓰기 굉장히 수월하다. 이미 모든 무기를 갖추고 전쟁에 돌입했다고 해야 할까?

책은 우리가 쓰고자 하는 것이며, 이미 출간되어 있는 책은 그 과정을 고스란히 거친 것들이다. 수많은 고민과 노력 끝에 제목과 목차가 정해진다. 특히 제목의 경우 저자와 출판사 직원들이 머리를 싸매고 고민한 끝에 나온 것들이다. 그 책이 하나도 팔리지 않는 책이라 하더라도 저자와 출판사 직원은 정말이지 목숨 걸고 만든 것들이라고 자신 있게 말할 수 있다. 나 역시 그동안 수많은 책을 내면서 출판사에서 제목에 대해 신경 쓰지 않는 경우를 보지 못했다. 모두들 엄청난 신경을 썼고, 수많은 고민 끝에 제목이 만들어진다.

어쨌든, 책을 쓰고자 하는 사람이 책 제목을 잘 지으려면 일단 수많은 책을 분석해볼 것을 권하고 싶다. 이때 주의할 점은 무작정 따라 하는 것이다. 가령, 『아프니까 청춘이다』라는 책이 나왔다면 '아프니까 청년이다'라는 식으로 제목을 짓거나 콘셉트를 따라 하지 말라는 말이다. 실제로 이렇게 하는 사람도 있다. 또, '아플 수도 없는 마흔이다'라는 제목이 있다면 '아플 수도 없는 서른이다'라는 식으로 짓지 말라는 것이다. 이것은 최악의 기획이다.

제목을 분석하되, 내가 가진 장점을 토대로 현재의 시장 흐름을 고스란히 반영해서 제목을 만들어야 한다. 그래야 기가 막힌 좋은 제목이 나오며, 강력한 경쟁력을 지닐 수 있다. 그야말로 개성적인 제목, 나의 본질을 담아내는 제목, 나의 책이 만들어지는 것이다.

제목은 기본적으로 책의 내용을 담아내되, 눈에 띄어야 한다. 부제의 경우에는 거의 보지 않는다고 생각하면 맞다. 제목만 눈에 띈다. 또, 제목은 자신의 얼굴이 되게 된다. 그렇기 때문에 판매를 위해서 자극적인 제목을 짓는 것은 매우 좋지 않다. 내 이미지를 생각해서 제목을 지어야 하며, 이것은 추후 자신의 브랜드와 연결된다. 이것은 내가 엎어져보았기 때문에 하는 말이다. 나 역시 마음에 들지 않는 책 제목이 있다. 그 책의 제목은 판매와 책의 내용에 충실한 제목이었다. 그러나 책은 결국 내 이미지와 연결된다. 그러니 절대로 내 이미지에 먹칠할 제목을 지으면 안 된다. 향후 나의 항로에 도움이 될 수 있는 제목을 지어야 한다.

또, 제목은 결국은 판매가 되려면 한국의 문화 코드와 직결되어 있다는 점을 생각해야 한다. 한국적인 분위기를 충분히 고려해야 한다. 안타까운 현실이지만, 한국은 남에게 보이는 부분을 매우 중요하게 생각하는 문화이다. 그렇기 때문에 중형차가 압도적으로 많은 것이다. 이것은 선진국인 독일도 놀라는 부분이다. 세단이 많을 수 있는 경제 상황이 아님에도 한국에는 거의 대부분의 차가 중형차이기 때문이다. 전 세계에서 온 명품이 날개 돋친 듯 팔리는 나라도 한국이지 않은가. 속이 허하기 때문일 수도 있고, 자존감이 낮기 때문일 수도 있지만, 무엇보다도 남에게 과시하고픈 마음이 강한 것이 한국인이다. 세계에서 가장 비싼 명품 가격을 자랑하는 곳은 이탈리아 베네치아이다. 그곳이 두 손 두 발 다 든 곳이 바로 한국이다. 한국은 더 비싸다. 즉, 세계에서 가장 비싼 곳이 한국이다. 그래도 많이 팔린다. 남을 의식을 많이 한다. 있어 보이려고 하고, 냉수 먹고도 이 쑤시는 문화가 널리 퍼져 있다. 그렇기 때문에 하버드대 교수가 쓴 책인 『정의란 무엇인가』나 무라카미 하루키의 소설이 많이 팔리는 것이다. 남들에게 과시하기 좋기 때문이다. 특히 카페 같은 곳에서 책을 펴놓고 있으면 얼마나 폼이 나는가. 그것은 다시 말해 카페에서 펴놓았을 때 적어도 부끄럽지 않은, 지하철에서 옆구리에 끼고 다녔을 때 폼 나는 제목이어야만 한다는 말이며, 그렇지 않으면 안 팔린다는 말이다. 나는 그것을 모르고 열심히 책만 썼고, 제목을 지었다. '맙소사 아직도 대학이라니', '요즘 난 죽고 싶다'와 같은 제목은 지하철에서 들고 다니기 어려운 제목이다. 그러니 많이 팔리겠는가. 내용은 탁월하고, 내용에 합당한 제목이다. 그러나 이런 제목으로는 팔리기 어렵다.

'나이 서른에 책 3,000권을 읽어봤더니'는 얼마나 자극적이고 놀라운 제목인가. '유대인의 생각하는 힘'도 들어보면 정말 멋진 제목이다. 즉, 남들이 볼 때 세련되고 멋진 제목이다. 그러니 어떻겠는가. 많이 팔릴 수밖에! 또, 수많은 사람들에게 회자되고 알려질 수밖에!

사실, '나이 서른에 책 3,000권을 읽어봤더니'라는 제목은 출간 하루 전에 출판사의 회의를 통해서 결정된 것이었다. 원래 제목은 '서른, 나는 지금까지 3,000권의 책을 읽어왔다'였다. 다치바나 다카시의 책인 『나는 이런 책을 읽어왔다』에서 제목을 따온 것이었다. 그러나 하루 전에 바뀌었고, 그 결과는 대박이었다. 리디북스에서 사람들이 많이 읽고 있는 책 1위에 오르고, 에세이 분야 1위에 올랐다. 상당한 기간 동안 그렇게 되었다. 1년이 지나고 나서도 스테디셀러 에세이 분야 20위권 안에 들어 있는 책이 되었다. 제목의 힘이었다. 왜냐하면 제목이 좋지 않으면 내용을 확인할 기회를 부여받지 못하기 때문이다.

234

책은 제목이 좋아야 일단 들춰보며, 그렇게 들춰봄으로써 책을 읽어
보게 된다. 그리고 수많은 사람들이 책을 읽어야만 내용에 대한 온당
한 평가가 이루어지며, 마침내 작가로서의 객관적인 평가를 대중들로
부터 받게 된다. 그럼으로써 우뚝 설 수 있는 작가가 되게 된다. 제목은
모든 수로의 중심에서 그 길목을 지키고 있는 수문장과 같은 역할을
한다.

지금까지 베스트셀러의 제목을 꼼꼼하게 살펴보는 것도 도움이 된
다. 이렇게 하면, 제목에 대한 감을 잡을 수 있다. 결국은 많은 트레이
닝이 되어야 한다. 그러나 본질은 사람이라는 것이다. 사람의 마음이
라는 것이다. 결국 사람이 선택하는 것이기 때문에 사람을 관찰하는
것도 좋은 방법이 되고, 대화를 많이 하며 사람을 아는 것도 도움이 되
며, 생각과 사색을 많이 하며 자신의 마음속 깊은 곳으로 들어가는 것
도 필요하다. 그러면 제목을 잘 지을 수 있다.

좋은 제목이란 사람의 마음을 울리는 제목이며, 자극하는 제목이다.
핵심은 마음이다. 많은 트레이닝이 필요하고, 자신의 마음을 잘 살펴
보는 것이 큰 도움이 된다. 또, 다시 말하지만 그동안의 베스트셀러의
제목을 보면서 감각을 잡는 것도 도움이 된다. 제목은 매우 중요하다.

# 저작권법!
# 인용은 어떻게 해야 하고, 표절은
# 어떻게 하면 피할 수 있는가

　　책을 처음 쓰는 입장에서는 표절과 인용에 대해서는 별로 신경을 쓰지 않는다. 나도 그랬다. 왜냐하면 그것을 신경 쓸 여유가 없기 때문이다. 그러나 당연히 신경 써야 한다. 잘못하면 본의 아니게 글도둑이 될 수도 있기 때문이다. 사실 1권만 표절로 판정받아도 치명적이다. 10권 이상이 표절로 판명받으면 글판을 영영 떠나야 한다. 대학에서도 표절로 판명받으면 교수계를 떠나야 하고, 심지어 구속까지 된다. 그만큼 중대한 죄로 평가받는다. 표절은 무단으로 남의 글을 쓴 것으로서 남의 지적재산권을 절도한 것, 강도질한 것으로 간주해서 절도죄나 강도죄로 다스려야 하기 때문이다. 그렇기 때문에 외국에서는 구속도 하고 엄하게 다룬다. 우리나라는 아직까지 구속까지 된 사례는 거의 없는 것으로 안다. 그러나 중죄임은 분명하다.

표절에 대한 내용은 내가 다양한 자료를 보고 정리한 자료를 그대로 올리고자 한다. 이것은 내가 평소에도 활용하는 자료이며, 이것을 완성하는 데에만 해도 일주일 가까이 걸렸다. 상당한 노력을 해서 만든 자료이고 표절에 관한 저작권법 자료를 알기 쉽게 정리했으니 도움이 되었으면 한다.

□ **기존의 책을 참고하여 새로운 책을 집필했으나 원저작자의 동의를 구하지 않고 책을 출판해도 저작권법 상의 문제가 전혀 없는 경우**

— 저작권의 보호대상은 표현형식이다. 따라서 문장표현은 저작권법의 보호대상이 되지만 아이디어는 저작권법상의 보호대상이 아니다.

— 표절을 판단할 때 핵심은 창작성이 있으면서 구체적인 글로 표현된 부분만 비교해야 한다는 것이다. 따라서 표현된 글이 작가의 생각인지, 객관적인 사실이 표현된 것인지 구별하면서 판단해야 한다.

— 타 작가의 책에서 보았던 글을 바탕으로 작가의 생각을 가미해서 새로운 표현으로 나타내면 법적으로 아무런 문제가 없는 전혀 새로운 작품이 된다.

— 즉, 타 작가의 생각을 차용했더라도 문장표현이 다르면 법적문제는

없다. 저작권법의 보호대상은 오직 구체적인 문장표현 그 자체이기 때문이다.

– 대법원 판례도 이를 분명히 하고 있다. "저작권의 보호 대상은 학문과 예술에 관하여 사람의 정신적 노력에 의하여 얻어진 사상 또는 감정을 말, 문자, 음, 색 등에 의하여 구체적으로 외부에 표현한 "창작적인 표현형식"이고, "표현되어 있는 내용 즉 아이디어나 이론 등의 사상 및 감정 그 자체는 설사 그것이 독창성, 신규성이 있다 하더라도 원칙적으로 저작권의 보호 대상이 되지 않는 것"이므로, 저작권의 침해 여부를 가리기 위하여 두 저작물 사이에 실질적인 유사성이 있는가의 여부를 판단함에 있어서도 "창작적인 표현형식에 해당하는 것만을 가지고 대비"하여야 할 것이며(대법원 1999. 11. 26. 선고 98다46259 판결 참조), 소설 등에 있어서 추상적인 인물의 유형 혹은 어떤 주제를 다루는 데 있어 전형적으로 수반되는 사건이나 배경 등은 아이디어의 영역에 속하는 것들로서 저작권법에 의한 보호를 받을 수 없다고 할 것이다."

– 권영준 교수는 그의 저서 『저작권 침해 판단론』에서 저작물의 창작성에 대해 이렇게 말한다. "일반적으로 어문저작물에서는 주제나 배경·분위기 등 추상적인 요소들은 아이디어에 해당하지만(그래서 법적보호를 받지 못하지만), 구체적인 요소들은 표현으로서 보호받게

된다. 제호나 프레즈Phrase와 같이 간결한 문구가 저작권의 보호를 받지 못하는 것도 구체성을 결여하였기 때문이다."

─아이디어는 독창적이라 하더라도 저작권법의 보호대상이 아니며, 오직 문장표현만 가지고 법적다툼을 한다.

─문장표현의 유사성에 대한 판단은 양적인 것이 아니라 질적인 것으로 하며, 따라서 문장표현의 유사한 정도로써 판단한다.

─실질적인 유사성에 대한 판단은 "양적인 것이 아니라 질적인 것"으로 한다. 즉 창작된 표현의 유사한 정도로써 판단한다.

─2006년 서울중앙지법 형사항소 4부: "학술저작물의 학술내용 자체는 만인에게 공통된 것이며 자유로운 이용이 허용되어야 하는 아이디어 영역에 속한 것으로서 저작권 보호대상이 아니다. … 내용을 그대로 가져다 썼더라도 구체적인 표현까지 베끼지 않는 한 저작권 침해가 아니다. … 저작권 침해의 핵심쟁점이 되는 표현은 각기 정형적인 수식에 의한 계산방법과 그 전개과정 등을 설명하거나 이전부터 사용되어 온 표현인 만큼 저작권법 침해행위로 볼 수 없다."고 판시했다.

― 2006년 서울고법: "신문기사도 창조적 개성이 드러나는 보도기사라면 저작권법의 보호를 받는다. … 저작권 침해가 인정된 기사들은 전부 또는 대부분의 원고의 기사들과 소재배열 순서, 구체적 용어의 선택, 그 밖의 문장표현이 동일하고 단지 문장의 순서와 어휘를 변경(=전체적으로 문장표현이 거의 같으면서 단락 내에서의 문장순서와 문장 내에서의 약간의 단어만 바꾼 경우를 지칭)한 것에 불과해 실질적 유사성을 쉽게 인정할 수 있다. … 그러나 사실을 간결하게 전달하는 기사는 저작권법의 보호대상이 아니다."고 판시했다.

― 창작성은 문장표현이 단순한 사실이더라도 작가의 생각이 표현되면 창작성이 인정된다. 창작성이 인정되면 저작권법의 보호를 받는다. 따라서 저작권법의 표절을 피하려면 창작된 부분을 자신만의 표현으로 녹여내야 하며, 이때는 창조적 표절로서 법적문제가 없다.

― 학술저작물도 저작권법의 보호를 받으며, 신문기사도 생각이 담겨 있다면 창작성이 인정된다. 즉, 작가의 노력이 투입되고 작가의 생각이 표현되면 창작성이 인정되기 때문이다.

□ **정리를 한다면**

① 작가의 사상 · 생각 · 아이디어 · 배경 · 추상적인 분위기 등의 내면적 요소는 독창적 · 창작적 요소로 보호가 되지만 그것은 오직 "표

현”에 있어서만 보호가 된다. 따라서 기존의 책을 참고하되 “같은 내용을 전달하되 전혀 다른 표현”으로 나타낸다면 저작권법상의 문제는 없다.

② 작가의 내면적인 생각이 담긴 독창적인 표현을 인용표시를 하지 않고 그대로 베껴 쓴다면 표절이 된다. 그러나 인용표시를 한다면 괜찮다.

③ 기존의 책에 있는 객관적·역사적·단순한·누구나 아는 사실의 표현은 100% 그대로 베껴 쓰면 문제가 되지만 이것은 객관적인 사실이기 때문에 아주 조금만 표현을 바꾸어 사용하면 법적문제가 없다.

④ 핵심은 “오직 말·문자·음·색으로 외부에 표현된 창작적인 표현 형식”을 법으로 보호한다는 것이고, “그 표현 속에 있는 사상·생각·감정·상상·느낌·감회·가치관·철학·아이디어·이론 등의 내부에 내재된 내용”은 법으로 보호받을 수 없다는 것이다. 따라서 그 내용을 다른 표현방식으로 표현하여 원 저작물을 참고하는 것은 법적문제가 없다. 그리고 이것은 표현을 그대로 가져온 것이 아니기 때문에 인용도 아니다. 이것은 전혀 별개의 독립적인 저작물이다.

─저작권법 제 28조: 공표된 저작물은 보도·비평·교육·연구 등을 위하여는 정당한 범위 안에서 공정한 관행에 합치되게 이를 인용할 수 있다.

─법에 따라 정당한 인용의 경우에는 저작권법 위반이 아니다. 이것은 강제규정으로써 적법한 인용이라면 원저작자가 인용을 반대하더라도 출처를 밝히기만 하면 법적문제가 없다.

① 보도·비평·교육·연구의 목적으로 인용: 즉 출판목적으로 이용이 가능하다.

② 정당한 범위 안에서 인용

1) 집필하는 책이 주가 되어야 하고, 인용되는 책이 종이 되어야 한다.

2) 새롭게 집필하는 책이 인용된 책을 시장에서 대체하지 않아야 한다.

3) 본인이 창작한 부분으로 저작물이 책으로써 성립되면 인용부분에 대한 출처를 명시해주는 것만으로도 의무를 다한 것이다.

4) 인용 부분이 빠지면 책이 성립되지 않으면 짜깁기를 한 것으로 이것은 '이용利用'에 해당한다. 이때에는 일일이 원저작자의 사용허락을 얻어야만 한다.

5) 인용은 예증·해설·보충·강조·상세화·이유제시 등을 위해 필
   요한 경우로서 그 분량이 지나치게 과다하지 않으면 된다.

6) 인용부분이 자기 저작물보다 양이 많으면 안 된다는 견해가 있지
   만, 그 판단은 인용의 목적을 보고 필요한·최소한의 인용인가의
   여부에 따라 결정해야 한다.

7) 인용을 하더라도 단 한곳에서만 집중적으로 하면 안 된다.


③ 공정한 관행에 합치되게 인용

1) 인용은 책의 본문과 구별되는 방법으로 표시하면 된다.

2) 불가피하게 인용을 할 수밖에 없는 경우, 논평이나 입증할 목적으
   로 인용하는 경우, 이해를 돕기 위해 다른 저작물을 통째로 싣는 경
   우, 그 외에도 예증·해설·보충·강조·상세화·이유제시 등의
   목적으로 인용을 하는 것은 공정한 관행에 합치된다.

3) 상업적인 출판이더라도 위의 조건을 충족한다면 인용에 법적 문제
   는 없다.

4) 이용利用의 경우에는 반드시 원저작자의 허락을 얻어야 한다. 그러
   나 정당한 인용은 원저작자의 동의를 구할 필요가 없다는 취지에서
   이 조항이 있는 것이다.

# 표절에 대한
# 소양과 양심이 없으면
# 작가로서 생명은 끝난다

표절을 하는 작가는 작가로서 생명이 거의 끝난다. 1권만 표절이라도 사실상 치명적이다. 표절은 문장을 그대로 베낀 것을 말한다. 문장 표현이 다르면 표절이 아니다. 아이디어를 가져와 쓴 것은 법적으로 아무 문제가 없고, 도덕적으로도 아무 문제가 없다.

그러나 문장을 그대로 갖다 붙이기를 한 경우에는, 즉 Ctrl C+Ctrl V를 해서 토씨 하나 안 틀리고 그대로 문장들을 갖다 붙인 경우에는 100% 표절이며, 이럴 경우 법적으로 처벌을 받게 된다. 즉, 저작권법 위반으로 법적으로 처벌을 받게 된다는 말이다. 당연히 도덕적인 책임도 피할 수 없게 된다. 사실상, 작가로서 생명이 끝나게 된다. 물론, 1권에서 미미한 표절로 밝혀지면 다시 책을 쓸 수는 있겠지만, 그것이 5권, 10권씩 되면 진짜 완전 끝이다.

소설가 신경숙 작가도 얼마 전 표절 시비로 시끄러웠다. 표절 판정을 받게 되면 대작가라고 해도 명성에 큰 흠집이 생기고, 잘못하면 글 자체를 쓰지 못할 수도 있다. 단 1권만 표절로 판정 나도 치명적이다. 그러나 다수의 책 중에서 1권 정도는 그래도 이해할 여지가 있다고도 할 수 있다. 모든 작가들은 기본적으로 공부를 해서 책을 쓰기 때문에 자기도 모르게 그렇게 할 수도 있기 때문이다. 그런 면에서 문제는 있지만, 10권 이상의 책 중에서 1권이 그랬다면 그래도 넘어갈 여지는 있다고 본다. 동종 업계에서 일하는 작가의 입장에서 볼 때 그렇다. 어떤 작가도 그런 위험에 빠질 수 있으며, 1권 정도는 실수로 볼 여지도 있기 때문이다. 다시 한 번 말하지만, 늘 공부를 해서 책을 쓰기 때문에 항상 그러한 위험에 노출되어 있기 때문이다.

그러나 이러한 표절로 판정된 책이 5권, 10권씩 되면 사실상 도둑놈을 넘어서 큰 범죄자라고 할 수 있다. 감옥에서 살아야 할 정도이다. 도덕적으로 끝났다고 보아야 한다. 다른 사람의 집에 가서 재산을 훔쳐 나오는 절도범이나, 강도범과 무엇이 다른가. 글이란 그 사람이 엄청난 고통 끝에 만들어낸 소중한 지적재산권이다. 그것을 도둑질하고 강도질한 것이 아닌가. 그런 작가는 작가가 아니라 도적이라고 보아야 한다.

그런 점을 생각한다면, 표절이라는 문제가 얼마나 심각한지, 얼마나 무서운 것인지 알게 될 것이다. 대학에서도 표절로 판정이 나면 교수직에서 물러나야 한다. 장관 임용자도 논문 표절이 밝혀지면 장관직에

임용되지 못한다. 작가도 표절로 판명되면 글과 관련된 모든 일에서 떠나야 한다. 그리고 의도하지 않더라도 대중들이 외면하기 때문에 그렇게 되고 만다.

모든 작가들은 본질적으로 공부를 하고, 글의 전개 방식도 각자 스승이 있다. 그 사람의 스타일을 따라 한다. 그래서 초기 작품의 경우 표절에 쉽게 노출되기도 하고, 그런 면도 있다고 보인다. 그러나 초기 작품을 제외하고 계속해서 그러한 모습을 보인다면, 이것은 큰 문제이다. 범죄라고 보아야 하기 때문이다.

여러분은 내가 책쓰기 책에서 이런 말을 적으니 얼마나 다행인가! 이것을 알려주는 사람이 있고, 표절을 비켜나갈 수 있도록 법률적인 지식도 모두 알기 쉽게 정리해두었으니 말이다. 정말 다행이다. 나도 그런 스승이 있었더라면 참 편하고 수월했을 텐데, 개인적으로 아쉽다. 나는 정말 여러모로 책 출간의 모든 과정에서 엄청난 시행착오를 겪었기 때문이다. 10년 동안 고생을 참 많이도 했다. 여러분은 그런 과정을 하나도 거치지 않을 것이다. 이 책에서 모두 언급을 하거나, 부족한 부분이 있다면 내가 만나서 무료 상담을 해줄 것이기 때문이다. 나에게 이메일로 연락할 경우 만나서 무료로 상담을 해줄 생각이 있으니 연락하면 된다. 대신, 나도 부자는 아니다. 본인이 마실 찻값 정도는 본인이 내고, 이왕이면 내가 마실 찻값 정도는 계산해주는 센스를 발휘해주길 바란다. 옛날에는 찻값도 내가 다 부담하고 만나고, 상담해주고, 도움을 주었지만, 생각해보면 그것은 아닌 것이다. 시간과 지식을 주는데! 만날 때는 그런 센스는 알아서 발휘해주길 바란다. 나는 여러분에게 시간과 지식을 제공할 마음이 있으니 궁금증이 있으면 연락을 주저 없이 하면 된다.

나는 진짜 표절이나 인용에 대해서 그 누구도 알려주는 사람이 없었다. 첫 책을 내고 나서야 표절이나 인용이 매우 중요하다는 걸 알고 부랴부랴 공부했다. 책을 내고 알았으니 하마터면 큰 문제가 생길 뻔도 했다. 왜냐하면 내가 맨 처음 책을 쓸 때는 수많은 책들과 신문 자료 등을 활용했기 때문이다. 그러나 진짜 죽기 살기로 저작권법을 공부하고 나서 꼼꼼하게 살펴보니 법률적인 문제는 없었다. 다행이었다. 하늘이 도운 것이었다. 그러나 여러분은 이 책을 읽으니 아무런 문제가 없다. 아무 염려도 할 필요가 없다. 그러나 책쓰기 강사 중에서 표절에 대한 지식이 전혀 없는 사람이 있을 수도 있다. 그런 책쓰기 강사에게 책쓰기를 배우면 진짜 큰 일이 난다. 왜냐하면 표절을 하게 될 것이기 때문이다. 그러면 망한다. 여러분은 절대로 표절을 하면 안 된다. 그러면 작가로서 생명이 끝나니까! 확실히 공부하고 글을 써야 한다. 이 책에 실린 자료만 보면 100% 안전하다!

# 출판사는 어떤 기준으로
# 원고를 선택하는가

출판사가 원고를 선택하는 기준은 여러 가지가 있지만, 사실상 모든 출판사가 천차만별의 기준을 가지고 있다고 할 수 있다. 그러나 분명한 것은 "기획"에서 출간의 80%가 결정되며, "원고의 퀄리티"에서 출간을 확정한다고 할 수 있다. 근래에 기획출판이 유행하고, 출판사가 저자에게 원고를 써달라고 요청하는 흐름이 있었다. 세상에서 두각을 드러내고 있고 이미 인기를 끌고 있는 사람은 저자가 될 경우 파급력이 크다는 것이 그 이유였다. 즉, 전문가이거나, TV에 출현하여 인기를 끌고 있거나 지명도가 높을 경우, 책으로 연결될 때 파급력이 커진다는 것이 그 이유라고 볼 수 있다. 이런 흐름을 나름대로 상업적으로 좋은 성과를 거두고 있는 출판사들이 함으로써 출판이 마케팅이 되고 있는 사람에게 눈을 돌리고 있다고 할 수 있다.

요리사 백종원 씨의 경우에도 TV에 출연하면서 파급력이 커졌고, 그렇기 때문에 그의 책은 출판계의 블루칩이 되었다. 또, 아직 책은 출간되지 않았지만 유재석이 직접 쓴 책은 분명 좋은 성과를 낼 것이다. 일반인의 경우에도 명문대에서 교수를 하고 있거나, TV에 나와서 전문가임을 확인받은 사람이 책을 낼 경우 파급력이 크다는 점에서 출판사에서 눈여겨볼 것이다.

일반인의 경우에도 블로그나 페이스북 등에서 인기가 있는 사람이라면 다르게 볼 수 있으며, 유튜브나 아프리카 TV에서 스타라면 출판사에서 당연히 책을 내고자 할 것이다. 실제로 먹방에서 좋은 성과들을 보여주었던 한 인물은 무한도전에도 출현하였다. 그렇다면 책도 낼수 있다고 보아야 하며, 원고를 투고할 경우 출판사에서 서로 내고자할 것이다.

책이란 결국 차별화라고 본다면, 과거에 대학 진학률 자체가 20%대에 머물고 있을 때 박사학위는 하나의 권력이었고, 교수 역시 하나의 거대한 신분이었다고 보아야 한다. 그러나 지금은 너무나 흔해져버려 쉽게 말해서 아무것도 아닌 것이 되어버렸다. 박사학위가 1년에만 1만 명이 나오는 상황이기 때문에 그렇다. 교수도 너무 많다. 더군다나 스타 교수는 없다. 그런 점을 생각한다면 공부나 가방끈의 메리트는 크게 떨어진 반면, 방송이나 신문 등의 언론과 블로그와 페이스북 등의 인터넷 매체는 큰 힘을 발휘하고 있다고 할 수 있다.

최근 등장한 『서울시』를 쓴 하상욱도 페이스북이 만들어낸 스타이며, 『지대넓얕』도 팟캐스트가 만들어낸 스타였다. 이것은 출판의 판도 자체가 크게 변해가고 있음을 뜻하고 있다.

이와 맥을 같이하는 것이 추종자가 있는 사람을 출판계에서는 눈여겨본다는 것이다. 다시 말해서 인터넷, 오프라인 등에서 추종자가 있거나 팬덤이 확실한 사람, 가령 강사나 영업자의 경우 책을 출간할 경우 판매가 어느 정도 보장된다는 점에서 눈여겨보는 것이다.

이러한 흐름은 김어준의 『닥치고 정치』 때부터 상당히 강하게 나타났다. 책의 판매는 어떻게 독자에게 비치는가 하는 이미지의 영역으로서, 이미지 관리가 안 되면 책이 판매가 안 된다. 실제로 이것은 실력과 무관할 수 있다. 다시 말해 하버드대 박사학위를 받는다고 종합 베스트셀러 1등이 되지 않는다는 말이다.

그럼에도 다양한 면을 갖고 있는 것이 인간이며, 권위를 크게 존중하는 것이 인간이다. 맨부커상을 받은 소설가 한강의 작품은 곧바로 종합 베스트셀러 1위에 등극하는 모습을 보여주었다. 누군가가 노벨상을 받는다면 그의 책은 곧바로 종합 베스트셀러 1등이 될 것이다.

그렇다면 우리 같은 평범한 사람이 책을 낼 수는 없단 말인가. 아니다. 이런 사람들은 드물다. 또, 이렇게 되기도 어렵다. 우리는 좋은 내용의 책을 써야 한다. 다만, 시대 상황을 보아서 판매가 될 수 있는 조건들을 말함으로써 출판사를 설득해야 한다. 그 설득은 기획과 원고의 수준에서 결정된다. 우리는 그 부분에서 집중해야 한다. 사실상 블로그나 페이스북을 키우는 것도 쉬운 문제가 아니다. 지금 당장 소설가 이외수 선생의 페이스북에 가보라. "좋아요"가 몇 개가 있는지 보라. 수백 개이다. 결국 이 정도에 이르기가 쉽지 않다는 말이다. 이외수 선생의 팔로워가 거의 10만 명에 육박한다는 점을 생각하면 더더욱 그렇다. 물론, "좋아요" 숫자로만 판단할 수는 없다. 여자의 경우, 예쁘면 페이스북과 인스타그램에서 좋아요 숫자가 엄청나기 때문이다. 페이스북을 보았을 때 대체로 200개, 300개 정도가 된다. 이런 사람은 당연히 책으로 안 통한다. 남자가 글을 남겼을 때 "좋아요" 숫자가 200~300개 정도가 꾸준히 유지된다면 상당한 파급력이 있는 사람으로 보는 것이 옳다고 보인다.

현재까지는 마케팅적인 측면을 이야기했다. 이제부터는 내용에 대한 이야기를 하고 싶다. 원고의 내용은 "정교한 기획"이 뒷받침되지 않으면 절대로 빛을 발휘할 수 없다. 즉, 책이 어떻게 독자에게 비치고 다가서느냐는 것이다. 이것은 느낌으로 볼 수도 있고, 이미지로 볼 수도 있으며, 단번에 머릿속에 떠오르는 생각으로 정리할 수도 있다. 이것을 두고 출판사에서는 콘셉트라고 표현하며, 이 콘셉트로 출간의 80%를 결정짓는다. 원고도 이 기획의 정교함, 콘셉트의 선명함이 있을 때 검토를 한다. 왜냐하면 일단 기획을 보고 손이 가야 내용이 의미 있기 때문이다. 그렇기 때문에 내용을 쓰기 전에 먼저 기획을 잘해야 한다. 팔리는 주제의 책을 써야 하며, 그것은 제목과 목차로써 확정된다. 이 점을 초보자는 명심해야 한다.

그다음은 역시 내용이다. 내용의 완성은 앞에서도 이야기를 했듯이 자료 수집과 정리이다. 책은 콘텐츠이다. 안과 의사인 나의 삼촌은 내게 이런 말을 한 적이 있다. "요즘 책은 논문을 여러 권 쓰는 것과 같다." 맞는 말이다. 수많은 자료들을 섭렵하고 그것을 일관되게 정리하는 것이 책의 본질이기 때문이다. 따라서 책을 한 권 쓰는 일은 논문을 여러 편 쓰는 일과 같다. 책을 쓰는 것은 논문을 쓰는 것보다 당연히 어려우며 고차원적이다. 그렇기 때문에 대학에서도 책 한 권을 쓰면 논문 3~4편 쓰는 것만큼 평가하며, 실제로 가점을 준다.

얼마 전 한 출판사의 기획실장님을 만날 일이 있어서 만났다. 그 선생님은 한국의 내로라하는 출판사들에서 일을 하신 분이었다. 그분에게 나는 솔직하게 물었다. "도대체 원고는 어떤 기준으로 선택해서 출간하는 겁니까?" 그랬더니 그분은 이렇게 말했다. "저는 감각인데요! 읽어보고 느낌이 옵니다!" 나는 속으로 '음! 과연 그렇군!'이라는 생각을 했다. 그래서 또 다른 출판사의 편집자 선생님을 만났다. 역시 한국의 내로라하는 작가 분들의 책을 다룬 베테랑 선생님이셨다. 역시 똑같은 질문을 했다. "출판사는 어떤 기준으로 원고를 선택하나요? 선생님은 어떻게 판단하세요?" 대답은 그랬다. "감입니다." 그래서 나는 그렇게 말했다. "다른 베테랑 선생님도 그렇게 말했는데 다들 그런 건가요?" 그랬더니 그 선생님이 하는 말이 이랬다. "출판사마다 다 다르죠. 결국은 그 기획자, 그 출판사 대표의 감과 성향입니다." 맞는 말이었다.

결국 원고는 느낌으로 다가온다. 기획을 먼저 빠르게 살펴보되, 원고를 읽으면서 감을 잡는다. 이미 많은 글을 읽어본 프로 중의 프로가 아닌가! 한국 지식 산업의 최전선에 서 있는 최고의 지식인들이 아닌가! 그들은 높은 수준의 감을 가지고 있다. 그들은 감각으로 판단한다.

감각으로 판단하기 때문에 내 원고가 그 출판사에 선택되지 못하더라도 실망할 필요가 없다. 내게 맞는 출판사는 따로 있기 때문이다. 그 출판사에서 나온 책들을 쭉 살펴보면, 그 출판사 대표의 성향을 알 수가 있다. 그 출판사는 그런 류의 책을 낸다고 보아야 한다. 내가 그것에 맞지 않는다면 책을 낼 수 없고, 맞는다면 책을 낼 수 있다. 내용의 좋고 나쁨이 문제가 아니다. 그 출판사의 성향에 관계가 있다. 그리고 그 출판사의 성향이 그러하면 기획자 역시도 그에 따를 수밖에 없다. 그러나 베테랑 기획자 내지 베테랑 편집자는 그래도 개인적인 주관이 강하게 있으며, 그 주관을 가지고 임원과 출판사 대표를 설득할 수 있는 능력과 권한이 있다. 그런 점도 있다. 제목의 경우에도 담당자가 강하게 밀어붙이면 통과될 수도 있다.

사람 사는 곳이 다 그렇듯 실수도 있고, 체계적이지 않을 수도 있고, 이상할 수도 있다. 알 수 없는 규칙이 있는 것 같기도 하다. 그렇다. 출판계가 그러하며, 모든 산업계에 있는 기업이 그러하다. 구글, 애플 등 세계적인 기업은 체계가 있을 것 같은가? 천만의 말씀이다. 모든 기업은 늘 변해야 하며, 상황에 적응해야 한다. 빠른 결정을 내리고, 이기는 승부를 해나가야 한다. 그것은 고정적인 법칙을 준수하다가는 당장 기둥뿌리가 뽑혀버린다. 즉, 체계가 없이 일할 수 있으며, 언제나 체계적으로 일할 수 없는 것이 경영과 인생의 본질이다.

감각! 이 말은 결국 인간을 담고 있다. 어떻게 느끼고, 다가서느냐의 문제이다. 이것은 결국 인문학이 아닌가! 인문학은 문·사·철로, 인간과 사회를 어떤 관점으로 보느냐의 문제이다. 어떻게 해석하고, 무엇을 아느냐의 문제이다. 결국 인간을 알아야 하고, 세상을 알아야 한다. 출판사와 계약하려면 나의 본질을 깊이 파고 들어가야 한다. 그럴 때 감동이 나온다. 그럴 때 출판사를 설득할 수 있는 글이 나온다. 그럴 때 내 짝을 만날 수 있다. 깊이 들어가야 한다.

인생은 생각보다 길다. 당장의 결과가 나오지 않는다고 절대로 절망하면 안 된다. 그대로 밀어붙여야 한다. 지금 당장 성과가 약할 수도 있고 출판사와 계약조차 못할 수도 있다. 그러나 실력은 반드시 드러난다. 기다려야 한다. 자신에 대한 믿음을 가지고 말이다. 30대 초반의 존 케네디 툴은 소설을 최선을 다해서 썼다. 그러나 어떤 출판사로부터도 출간 계약을 하자는 이야기를 듣지 못했다. 모든 출판사로부터 퇴짜를 맞은 것이었다. 그는 상심할 수밖에 없었다. 목숨 걸고 쓴 최고의 소설이 거절이라니! 그는 결국 극도의 절망을 하였고 권총 자살을 하였다. 그러나 10년 후 그의 어머니는 그 소설을 출간하고자 출판사에 다시 투고했고, 결국 출판사에서 러브콜을 받고 출간을 할 수 있었다. 그리고 그 책은 출간하자마자 "퓰리처상"을 수상하는 기적을 보였다. 그 책의 이름은 "바보들의 결탁"이다. 30대 초반의 소설가 존 케네디 툴은 세계적인 소설을 썼다. 그는 무명이었지만 그 소설은 세계 최고 수준이었고 그는 세계 최고의 소설가였다. 그러나 그는 지금 당장 빛을 보지 못하는 것을 두고 자살을 했고, 그래서 인생의 영광을 맛보지 못했다. 명심하자! 실력이 있더라도 지금 당장 빛을 보지 못할 수도 있다. 10년이 걸리고, 심지어 20년이 걸릴 수도 있다. 그러나 실력은 반드시 빛난다.

물론, 안타깝게도 미술가 고흐나 "대륙이동설"을 주장한 알프레드 베게너처럼 죽어서 영광을 보는 사람도 있다. 『군주론』의 저자 마키아벨리도 죽어서 빛을 본 케이스라고 할 수 있다. 이런 일은 안타까운 일이다. 살아생전에 잘 살지 못했으니 얼마나 원통한가 말이다. 그러나 그래도 다행인 것은, 그래도 힘을 주는 것은, 좋은 책과 진짜는 영원히 기억된다는 것이다. 영원불멸의 사람으로, 인류가 살아가는 한 영원한 스승이자 아버지로 남는 것이다.

우리가 좋은 책을 써야 하는 것은 바로 이것만이 우리가 믿을 수 있는 마지막 보루이며, 유일한 비책이기 때문이다. 요행은 오래가지 않는다. 진짜로 승부해야 진짜 이길 수 있다. 그리고 진짜는 결국 인정받는다. 시간의 문제가 있을 뿐, 인정은 반드시 받게 되어 있다. 그러므로 용기를 가지고 승부해나가야 한다. 우리가 힘든 만큼 좋은 책을 쓸 수 있고, 좋은 책을 쓸 때 우리는 영원불멸의 삶을 살 수 있다. 지금 당장 돈을 벌기 위해서 책을 쓰지만, 우리에게는 순수함과 우리 시대 이후를 뛰어넘어 이상을 전파하려는 마음도 있지 않은가! 책은 그 수단으로써 가장 좋으며, 우리의 수명을 1,000년으로 연장시키는 역할을 한다.

결국 내용으로 승부해야 한다. 우리의 본질로 파고 들어가야 한다.

그 길을 용기 있게 걸을 때, 우리는 반드시 승리할 수 있을 것이다. 우리가 좋은 내용으로 책으로 승부할 때 영원불멸의 삶을 살 수 있으며 그럴 때 우리가 단기적으로 얻고자 하는 인기도, 돈도, 명성도 부차적으로 따라오는 것이다. 뿌리가 강한 나무는 절대로 비바람에 쓰러지지 않는다. 책의 내용, 좋은 내용의 책, 내용으로 승부하는 작기는 기필코 승리한다. 우리는 보다 멀리 보아야 한다.

# 파워블로거, 페이스북 등
# 인터넷 영향력은
# 3년을 철저하게 준비해야 한다

인터넷 영향력을 키우는 일에 대해서 굉장히 만만하게 생각하는 사람이 있는데, 이것은 염려스러운 일이다. 원래 사람이라는 것이 그렇다. 남이 이룬 것을 자꾸 폄하하고 깎아내리려고 한다. 그러나 직접 해보라. 아무것도 아닌 것처럼 보이는 것도 진짜 힘들다.

나는 대학 1학년 때 2달간 공부해서 공인중개사 자격증을 따려고 했었다. 그때 책을 사고 문제를 보면서 2달 안에 붙기가 만만치 않다는 걸 느꼈다. 그래서 어떻게 했는지 아는가. 동아대 구덕도서관이 문을 열면 맨 먼저 입장했고, 맨 마지막에 퇴장했다. 그렇게 두 달간 생활했다. 그런데 나이 제한에 걸려서 시험을 치르지도 못했다. 그러나 이 경험을 하면서 난 느꼈다. 진짜 무언가를 이루는 것이 참 어렵구나! 그때 한 지인은 사법시험 최종 합격자였는데 자기도 공인중개사 자격증을 따겠다고 시험을 쳤다가 떨어졌다고 한다. 시험을 만만하게 본 결과라고 생각된다. 문제를 풀면서 시간을 체크하고 풀어야 하는데 풀어보면 만만하지 않다.

요즘 9급 공무원도 열풍이다. 사회 전체적으로 보면 9급 공무원은 대단한 벼슬이 아니다. 그러나 이 시험에 합격하려면 적어도 1년에서 평균적으로 2년 정도의 시간이 걸린다. 그것도 하루 종일 공부를 열심히 했을 때의 일이다. 즉, 무언가를 이루는 것이 참 어려운 것이다. 그것이 비록 사회적으로 정말 대단한 것이 아님에도 직접 해보면 코피가 터지는 경험을 하게 된다. 그것이 우리의 인생이고, 무언가를 이루는 것의 본질이다.

그러니 그것이 무엇이든 절대로 만만하게 보면 안 된다. 무시하면 안 된다. 자만하면 안 된다. 그것이 인생을 망치는 길이다. 만만하게 생각하거나, 그 일이 아무것도 아니라고 무시하면 반드시 인생에서 큰 실패를 하게 된다. 모든 승부는 거기에서 결정된다.

왜 열등감이 많은 사람들이 큰 성공을 하는지 아는가. 왜 객관적인 능력은 남들보다 떨어지는데 그런 사람이 오히려 역사적으로 더 큰 성공을 하는지 아는가. 자기가 바보임을 알고 진짜 죽기 살기로 하기 때문이다. 그러니 어떻게 이길 수 있겠는가. 아무리 천재적인 능력이 있더라도 맨날 놀고 하면 바보가 된다. 세계에서 두각을 나타낸 사람 중에는 객관적인 능력이 떨어지는 열등한 사람이 많다. 또한, 천부적인 능력을 타고난 사람조차도 혀를 내두를 정도의 노력을 했음을 우리는 분명히 기억해야 한다. 절대로 공짜로 얻지 않았다. 죽기 살기로 했다.

인터넷 영향력을 키우는 일도 전문가들의 책을 살펴보면 밥 먹고 아무것도 안 하고 그것만 3년 정도 했다는 것을 알 수 있다. 즉, 블로그나 페이스북을 3년간 밥 먹고 그것만 하면서 키웠다는 것을 알 수 있다. 즉, 목숨 걸고, 진력을 다하여 그것을 하여 겨우 이룬 것이다. 그런데 만만하게 생각하고 대충 열심히 하면 되는 줄 알고 착각하고 있는 사람들이 너무 많다. 이러니 성공을 할 수가 있겠는가! 남들은 목숨 걸고 해서 겨우 이루었는데!

인터넷 영향력은 책을 쓰기 시작하면서, 책을 출간하고 나서부터 본격적으로 시작해야 하며, 적어도 3년간 꾸준히 노력해야 한다. 하루에 1~2시간을 매일 할애하거나, 적어도 3일에 1~2시간은 할애해야 한다. 일상사에 대한 사진도 매일 찍어야 하고, 항상 행동거지를 조심해야 한다. 공인이라는 생각을 가지고 밖에 다닐 때도 잘 입고 다녀야 하고, 말과 몸가짐도 조심해야 한다. 또, 늘 사진을 찍는 것을 습관으로 하고, SNS에 작은 글이라도 신중히 최선을 다해서 올려야 한다. 그러지 않으면 요즘 같은 마케팅 전쟁 시대에 살아남을 수가 없다.

이미지를 관리해야 한다. 우리 모두가 선남선녀가 될 수는 없다. 뚱뚱해도 좋다. 단정하기만 하면 된다. 못생겨도 좋다. 웃는 얼굴에 침 뱉을 사람은 아무도 없다. 또, 통찰력이 번뜩이는 글을 적는 사람이 너무 잘생기거나 예쁘면 오히려 그것이 짐이 될 수도 있다. 그러니 주눅 들지 말고 SNS 활동을 하길 바란다. 나도 결코 미남이 아니지 않는가. 그래도 자신감 하나로, 용기 하나로 얼굴 내밀며 열심히 글을 적고 있다. 페이스북을 시작한 지 불과 5개월인데 "좋아요"가 200개에서 300개 정도 나오며, 못 나와도 100개 이상은 된다.

우리는 책을 통해서 자신의 지식과 능력을 알리고, 인터넷 채널들을 통해서 더 알려야 한다. 또, 방송에도 나가야 한다. 할 수 있는 모든 노력을 다해야 한다. 난 처음에는 SNS는 인생의 낭비라는 맨체스터 유나이티드 퍼거슨 감독의 말을 듣고 SNS를 일절 하지 않았다. 페이스북도 만들었다가 계정을 삭제해버렸다. 그리고 대구에서 조용히 책을 보고 글을 쓰는 생활을 해왔다. 그랬더니 책의 내용은 훨씬 더 높아졌다. 조용히 내공을 쌓은 시간으로 만족한다. 그러나 판매의 활성화에는 결코 도움이 되지 않는다는 걸 느꼈다. 어쨌거나 활동을 해야 한다.

이 시간은 생각보다 오래 걸리니 미리 준비해야 하며, 3년 정도를 잡고 착실하게 매일매일 하는 것이 좋다고 본다. 노력하면 된다. 모두 인간이 하는 것이 아닌가. 겁먹을 필요 없다. 그가 했다면 나도 무조건 할 수 있다. 나도 이 생각으로 살아왔고 이 생각이 옳다는 것을 느끼고 있다. 나도 처음에는 2~3일에 한 권의 책을 쓰는 건 불가능하다고 믿었으나, 지금은 가능하다. 소설가 공지영 선생이 그렇게 한다는 말을 듣고 해봤고, 실제로 되었다. 또, 책도 1년에 100권 읽는 사람을 신으로 보았으나 내가 읽어보니 1년에 1,000권도 읽을 수 있는 것이었다. 중요한 것은 실천이고, 용기이다. 그리고 뚝심을 가지고 끝장을 보는 것에 있다. 인생은 그렇다.

# 책은 출간하고 5년 후를 보면서
# 그림을 만들어가야 한다

책을 내면 곧바로 많은 돈을 벌 것이라고 생각하거나, 그렇게 말하는 책쓰기 강사들이 있는 것으로 안다. 책을 쓰면 곧바로 고급 외제차를 산다거나, 명품을 사게 된다는 말을 쉽게 내뱉는 책쓰기 강사들이 있는데 거의 사기꾼으로 보면 된다. 왜냐하면 진실이 아니기 때문이다.

삶은 기본적으로 그렇게 만만한 것이 아니다. 대한민국에서 가장 힘든 직업 중 하나가 작가이며, 그렇기 때문에 전업 작가로 살아가는 것은 대통령이 되는 것만큼 힘들다는 말도 있다. 이 말은 한 언론사에서 낸 기사의 제목이었다.

나는 책을 쓰고 나서 최소 5년 후를 잡고 그림을 그려가야 한다고 강력하게 말하고 싶다. 왜냐하면 이것이 성공의 진실이기 때문이다. 큰 그림을 만드는 데 5년, 10년도 안 잡고 시작하려고 했다면 지금 당장 책쓰기를 중단할 것을 경고하고 싶다. 그렇게 호락호락한 판이 아니기 때문이다.

그러나 만약 여러분이 이 말을 듣는다면 다소 실망할 수도 있을 것이다. 왜냐하면 내 삶이 힘들어서 돌파구로 책쓰기를 선택했는데, 이 책쓰기도 힘들다고 하니 말이다. 그리고 분명 책을 쓰려는 사람은 책쓰기 전문가에게 의지해서 쉽게 책을 내고 쉽게 성공하고 싶은 마음이 있을 것이다. 그러나 나는 언제나 양심이 시키는 말을 하고 싶다. 그것이 결국 여러분을 살리고, 여러분을 살릴 때 나 역시 살 수 있음을 알기 때문이다.

책을 쓰는 것, 솔직히 쉬운 일이 아니다. 책을 출간하는 것, 어려운 일이다. 책이 베스트셀러가 되는 것, 내가 원하는 삶을 만들어가는 것, 어려운 일이다. 어떤 일이든 높은 수준으로 올리려면 미친 듯한 노력이 필요하며, 책도 예외가 아니다. 세상은 노력한 만큼 성과가 나온다. 간혹 대운이 따르기도 하지만, 그것은 예외로 생각하자. 그것은 천복이기 때문이다. 대부분의 사람들은 오랜 시간 동안 많은 노력을 해야 하며, 그랬을 때 원하는 결과가 나온다.

여러분은 지금 당장의 성공을 한다는 생각을 버려야 한다. 그리고 시간을 투자한다는 생각을 가져야 한다. 그러나 이 말이 받아들이기 힘든 말이라는 걸 나 역시 경험을 해보아서 잘 안다. 나는 책을 많이 읽어왔기 때문에 내가 쓰면 당장 베스트셀러가 될 자신이 솔직히 있었다. 적어도 그때는 그런 믿음이 있었다. 그래서 정말 만만한 마음으로 책을 썼다. 그리고 내 미래에 대해서 자신했었다. 나는 힘든 시간이 3년 안으로 끝날 줄 알았으며 만만하게 보았다. 그러나 책을 1권, 2권, 3권 내면서 또 10권이 넘어가고, 15권이 넘어가면서 책을 통한 입신이 생각보다 쉽지 않다는 걸 절실하게 깨달았으며, 그랬기 때문에 삶에 대한 고민도 남달랐다.

나는 전업 작가를 하고 7년이 지난 후에도 행정고시를 쳐야 하는가에 대한 고민을 했으며, 수많은 고민으로 수성못을 새벽 3시에 몇 개월을 걸어 다니며 내 길에 대해서 고민했다. 한국에서 전업으로 글을 써서 먹고산다는 것은 사법시험에 합격해서 판사로 일하는 것보다 몇 배는 더 힘든 일이다. 나 역시 삶에 대한 고민으로 머리카락이 많이 빠지기도 했고, 잠을 못 이룬 적도 상당히 많으며, 그렇게 밤에 잠이 안 오는 시간을 하도 많이 보내다 보니 차라리 이 시간에 글을 쓰자고 생각하여 밤에 글을 쓰는 삶의 패턴을 만들어내기도 했다.

누군들 고생을 하지 않았겠느냐마는 나는 30대 초반임에도 적지 않은 고생을 했다. 글판에 뛰어든 죄, 내가 원하는 일을 하는 죄, 내 꿈을 실현하고자 하는 죄에서 비롯된 것이었다. 나는 솔직히 너무 만만하게 책쓰기를 생각했기 때문에 상당히 괴로웠다. 그러나 나는 이 길을 끝까지 갈 생각을 했고, 어떤 어려움이 있더라도 뒤로 물러나지 않을 것이라는 각오를 했다. 그리고 꿋꿋하게 이 길을 걸어오고 있고, 그렇기 때문에 글로써 좋은 결과를 낼 수 있었다.

내가 하도 고생을 많이 하다 보니 글을 쓰며 버틴 정약용이나, 감옥에서 인생의 도를 닦은 신영복 선생이나, 한국의 땅에서 시를 전업으로 쓰며 사는 정호승 선생이나, 사법시험을 37세에 준비하기 시작하고 49세에 합격해 현재 송파구청장을 하고 있는 박춘희 선생과 같은 분에게서 큰 감동을 느낀다. 나는 원래 그런 스타일이 아니었다. 성격도 급하고, 뭔가를 빨리 이루고자 하는 사람이다. 그러나 10년간의 만만치 않은 세월은 나로 하여금 "장기적인 승부"의 중요성을 일깨워주었다. 그리고 진짜 인생은 40대와 50대에 들어서 만들어지는 것임을 느낀다. 또, 60대와 70대에 이르러 더욱 무르익는 것임을 느낀다. 단단한 기반이 없는 성공이란 얼마나 위태로운 것인가! 바람 한 번 불면 날아갈 인생이 아닌가! 나는 그런 인생을 원하지 않는다. 비록 시간이 많이 걸리더라도 단단한 인생을 원한다. 그 인생은 젊은 시절의 고생에서 만들어진다. 오랜 시간 훈련을 하고 도를 닦는 시간에서 만들어진다. 우리는 이 진리를 받아들여야 한다.

소년 성공이야말로 패가망신의 지름길이다. 글판에도 이 원칙은 적용된다. 이외수 선생도 마흔이 다 되어서야 입신할 수 있었고, 조정래 선생도 다른 일을 10년 정도 하다가 글판에 들어왔다. 어떤 글쟁이도 바로 성공한 케이스가 거의 없다. 오랜 시간이 걸린다.

대기업 임원을 하는 데 20년이 걸린다. 육군사관학교에 들어가 별을 다는 데도 많은 시간이 걸린다. 그리고 모든 사람이 다는 것도 아니다. 100명 중에 많아야 2~3명이고, 1명만 달수도 있다. 그것이 성공의 진실이다. 책쓰기라고 다르다고 생각한다면 아직 세상을 한참 모르는 것이다. 나처럼 머리카락 많이 빠져보고 수성못에서 새벽 3시에 몇 달을 걸어보아야 안다면 나만큼이나 멍청한 사람임을 인증하는 것이다. 나는 직접 엎어지고 코피 터지면서 성공이 멀고 험난하며 우리 모두가 원하는 성공은 결국 끝까지 어떤 시련이 있더라도 완주하는 사람의 몫임을 깨닫게 되었다.

여러분도 책쓰기를 시작할 때 각오를 단단히 해야 한다. 책을 쓰면 바로 성공한다는 말은 완전히 무시해야 한다. 단단한 성공을 해야 한다. 장기적인 승부를 통해 큰 성공을 만들어나가야 한다. 좋은 책을 쓰고 위대한 책을 써서 위대한 인생을 살아야 한다. 우리는 해낼 수 있다. 우리가 이 길을 끝까지 완주하는 노력만 한다면 말이다. 그대의 길을 응원한다. 그대가 이 승부를 장기적인 승부로 생각하고 단단한 승부를 해나가되 절대 쓰러지지만 않는다면 그대는 반드시 성공할 수 있을 것이다. 내가 약속하고 보증한다. 모든 성공은 결국은 피와 땀과 눈물의 양에 비례하는 것이고, 이러한 시간을 보낸 자에게만 미소를 보내는 것이다. 책쓰기는 분명 여러분에게 큰 반전의 기회를 줄 것이다. 평범한 사람에게는 작가, 강연가, 저명인사가 될 기회가 주어진 것이기 때문이다. 자, 이제 책을 출간하고 하서 제대로 한 걸음씩 걸어가자. 그렇게 몇 년을 계속 걸어가자. 이 시간은 생각보다 힘들 수 있지만, 이 시간을 버티고 견디고 즐긴 자에게는 반드시 엄청난 영광이 온다는 것을 말하고 싶다. 내 삶도 10년 만에 기적과도 같이 변했다. 이제는 당신 차

레다.

　끝으로 나의 책쓰기 책이 도움이 되었으면 하는 마음이다. 모쪼록
그대의 건승을 뜨겁게 응원한다.

# "10년 차 전업 작가"
## 이상민

　이상민은 20대부터 무려 10년 동안 전업 작가 생활을 하며 20여 권의 책을 집필한 대한민국의 30대를 대표하는 전업 작가이다.

　이상민은 서른 살이 되기 전 4천 권의 책을 읽음으로써 "대한민국을 대표하는 청년 독서가"가 되었고, 독서의 한계를 극복하기 위해 4천 편의 다큐멘터리를 섭렵하면서 "대한민국 지식 크리에이터"로 자리 잡았다. 2014년 1년 동안은 제주도 사색여행을 통해 그동안 쌓아왔던 방대한 지식을 자기화하는 독특한 지식자기화 과정을 수행하며 "대한민국과 아시아를 대표하는 청년지식인"이 되었다.

　현재 그는 4천 권의 책과 4천 편의 다큐멘터리를 섭렵했고, 도산학교의 대표를 맡고 있다. 도산학교는 퇴계이황 선생의 도산서원과 도산 안창호 선생의 교육정신을 이어받아 만든 학교로써 대한민국을 대표하는 지식공동체로 한국의 지식혁명을 주도하는 것을 목표로 하고 있다.

　현재 이상민 작가는 책쓰기, 독서법, 유대인의 자녀교육법 등의 강의를 하며 책쓰기와 독서를 통해 내공이 있는 평범한 사람을 "대한민국 최고의 지식자본가"로 변화시키는 사명을 실천하고 있다. 궁극적으로 도산학교 출신은 한국을 대표하는 기업의 창업가가 되고, 작가와 강사라는 지식자본가가 되며, 나아가 학문적 투지와 지구력으로 노벨상을 수상하고, 깊은 예술가적 감수성으로 자유로운 영혼의 삶을 살아감으로써 한국 사회를 소리 없이 변화시킬 것이다.

그는 연세대 심리학과 황상민 교수, 『무지개 원리』를 집필한 차동엽 신부, 소설가 장정일 교수 등과 함께 "SK그룹 추천도서"에 선정된 『365 매일 읽는 한줄 고전』, "서울 강북문화정보도서관 추천도서" 선정되고 홍성국 대우증권 사장이 추천한 『일자리 전쟁』, "인천중앙도서관 추천도서"에 선정된 『맙소사 아직도 대학이라니』, "국립중앙도서관 사회과학 분야 대출순위 TOP 10" 및 "국립세종도서관 추천도서(전자책 부문)"에 선정되었으며 약 8만 명의 독자들이 읽고 "인터파크도서 E북 종합 베스트셀러 5위"에 오른 『손정의 나는 당신과 생각이 다르다』 등을 집필했다.

또, 『나이 서른에 책 3,000권을 읽어봤더니』는 "한국출판문화산업진흥원 2014 우수콘텐츠 전자책 제작지원 선정작", "카이스트(한국과학기술원) 도서관 이달의 책", "Daum 추천도서", "네이버 함께 만드는 책장 〈30대 추천도서〉", "교보문고 오늘의 SAM", "교보문고 비즈프레소 독자선정 TOP 10" "북코스모

스 얼리버드 도서” 등에 선정되었고, “베스트셀러 에세이 분야 1위”, “사람들이 지금 많이 읽고 있는 책 1위”에 올랐다. 또, 『유대인의 생각하는 힘』은 이덕일, 이민규, 알렉상드르 졸리앙 등 한국대표 저자들과 함께 “교보문고 내일이 기대되는 좋은 책”에 선정되었고, “경남공공도서관연구회 추천도서”에 선정되었으며, 교보문고 잠실점에서 10개월 연속 베스트셀러에 올랐다. 또, 가장 최근에 출간한 『독서자본』은 “2016 문화체육관광부 선정 세종도서 교양부문”에 올랐으며, “서울 고척도서관 추천도서”에 선정되었다.

도산학교 개교를 하면서 한겨레신문 교육섹션에서 전면인터뷰를 했고, 아시아경제신문과 독서신문에서 인터뷰를 하였다. 또, 연세대학교 심리학과 황상민 교수의 팟캐스트 ‘황상민의 심리연구소’의 고정 패널로 한 달 동안 출연한 바 있다.

육군 제 1군단에서 군 장병 300명을 대상으로 독서 강연을 했고, 한국최대 독서모임인 경영자독서모임에서 독서 강연을 했다. 또, 송파구청에서 소속공무원 300명을 대상으로 유대인 강연을 했고, 기업은행 본사에서 인문학 강의를 했다. 그 외에도 삼성테크윈에서 분사한 해성디에스, 평택교육청, 제주 동부도서관, 성균관대, 대구 대곡고 등에서 수많은 강연을 했다. 또, 인천 연수도 서관에서는 8주 동안 정유정, 한강, 이문열, 조정래의 소설로 강의를 했으며, 이 것은 CJ 방송과 인천교육청 뉴스에서 다루어졌다. 또, 3성 장군인 육군 제1군 단장님으로부터는 독서활성화에 대한 기여공로로 감사장을 수상했으며,《독 서의 신-삶이 풍족해지는 독서법》이라는 이름으로 대구 현대백화점에서 라이 브콘서트를 진행하기도 했다. 또,《경인방송 라디오책방》에 출연하여 독서에 대한 다양한 이야기를 했고, 박춘희 송파구청장님의 추천으로 송파N방송《나 향도》의 연사로 출연하여 도서 추천을 하며 송파구민 70만 명과 소통을 했다.

그는 출간한 20여권의 책 중 무려 70%가 대한민국에서 공신력 있는 단체와 인물로부터 인정을 받음으로써 "내용으로 승부하는 작가", "믿고 읽는 작가"라 는 신뢰의 이름을 얻게 되었다. 출간한 20여권의 책 중 무려 70%가 공신력 있 는 단체에서 좋은 내용의 책으로 선정된 것은 "대한민국 출판 역사에 새로운 이정표"를 만든 것이라고 할 수 있다. 그는 현재 서울 강남에서 책쓰기 강의를 하고 있으며, 대한민국 최초로 CTS 방송국과 함께 2017년 3월부터 책쓰기 강 의를 할 것이다. 그는 "방송국과 함께 공식적으로 책쓰기 강의를 대한민국에서 유일한 강사"로 활동을 하는 동시에, "내용으로 승부하는 작가"로 남아서 평생 동안 치열한 집필과 강의를 실천할 것이다.

10년 차 전업 작가 이상민이 말하는

# 책쓰기의 정석

초판 1쇄 | 2017년 2월 1일

지은이 | 이상민
발행인 | 설응도
발행처 | 라의눈

편집주간 | 안은주
편집장 | 최현숙
편집 | 양은희
기획위원 | 성장현
마케팅 | 최제환
경영지원 | 설효섭
디자인 | 기민주

출판등록 | 2014년 1월 13일(제2014-000011호)
주소 | 서울시 서초구 서초중앙로29길 26(반포동) 낙강빌딩 2층
전화 | 02-466-1283
팩스 | 02-466-1301
e-mail | eyeofrabooks@gmail.com



ISBN  979-11- 86039-72-4 13320

10년 차 전업 작가

이상민이 말하는

# 책쓰기의 정석

② **생각하고 있는 책 제목**

## □ **정당한 인용이란 무엇인가**

◇ 당신은 언제나 옳습니다. 그대의 삶을 응원합니다. ─ 라의눈 출판그룹

* 잘못 만들어진 책은 구입처나 본사에서 교환해 드립니다.
* 책값은 뒤표지에 있습니다.
* 라의눈에서는 독자 여러분의 소중한 아이디어와 원고 투고를 기다리고 있습니다.